멍청아 경제부터 챙겨

신영섭 지음

한국경제신문

Copyright ⓒ 2003, 신영섭

*이 책은 한국경제신문 한경BP가 발행한 것으로
본사의 허락없이 임의로 이 책의 일부 혹은
전체를 복사하거나 전재하는 행위를 금합니다.*

책을 펴내면서

날벼락 같은 IMF 사태를 극복했다고 가슴을 쓸어내린 게 엊그제 같은데, 서민들은 또다시 직장에서 쫓겨나고 장사가 안 돼 깊은 시름에 잠겨 있다. 그러나 우리들 마음이 어둡고 메마른 까닭은 단지 경기가 나쁘고 살림살이가 어려운 탓만은 아니다. 참여정부 국정혼란으로 인한 실망감이 큰 때문이기도 하다. 극적인 승리를 거두고 출범해 국민들의 기대가 컸기에 더욱 그렇다. 외환위기 직후 금모으기 운동을 통해 표출됐던 뜨거운 애국심은 갈수록 커지는 빈부 격차와 막가파식 집단이기주의 등쌀에 싸늘하게 식어버리고 말았다. 거리는 붉은 띠와 구호로 뒤덮이고 화염병과 쇠파이프가 난무해 5공화국 때로 되돌아간 느낌마저 들 지경이다. 이건 아니다! 무엇인가 크게 잘못됐다. 우리가 그 동안 흘린 피와 땀과 눈물은 모두 어디로 갔단 말인가.

정치개혁도 좋고 대미관계도 조정해야 마땅하다. 하지만 가장 급한 건 누가 뭐라고 해도 경제회생임에 틀림없다. 중국 춘추시대 제나라의 명재상이었던 관중은 "의식이 넉넉해야 염치를 알고, 곳간에 양식이 쌓여야 예절을 차린다"고 갈파했지만 이런 사정은 지금도 마찬가지다. 집값은 다락같이 치솟고 학교를 졸업해도 취직이 안 되니, 빽 없고 돈 없는 보통사람들은 하루하루 버티기가 너무나 힘든 형편이다. 이러니 신용불량자들이 넘쳐나고 흉악한 범죄가 판을 치는 것도 무리가 아니다.

지난 1992년 미국 대통령선거 당시 걸프전을 일방적인 승리로 이끌어 인기가 하늘을 찌를 듯했던 대통령 부시를, 워싱턴 정가에서 거의 무명에 가까웠던 클린턴이 보기 좋게 물리친 것은 정말 극적인 일이었다. 필자는 미국 출장 중에 두 후보의 치열한 TV 토론을 흥미 있게 지켜봤던 기억이 지금도 생생하다. 그 때 클린턴이 내걸었던 선거구호가 바로 "멍청아! 경제부터 챙겨(Stupid! It's the economy.)"였다. 세계를 주도하는 초강대국인 미국 국민들도 경제난 앞에선 달리 선택의 여지가 없었던 모양이다. 왜 이렇게 경제사정이 나쁜지 궁금한 우리 국민들도, 이 책을 펼치기에 앞서 똑같은 말을 하고 싶은 심정일 게 틀림없다. "멍청아! 경제부터 챙겨."

2003년 12월

신 영 섭

■ 차 례

■ 책을 펴내면서 3

1부 끊이지 않는 경제위기설

1. IMF 때보다 더 힘들다? 11
  잠복했던 위기가 떠오른 것뿐 13 | 기업경쟁력 약화가 주범 16

2. 온통 지뢰밭이다 19
  위기확산은 신뢰상실 때문 20 | 철저한 시장감시 체제를 24

2부 경제의 뿌리를 좀먹는 '공공의 적'

1. '강남 불패' 신화는 언제까지? 33
  집값 불안 여전할 듯 34 | 후분양제 시행하자 36 | 재건축 억제는 당연 41 | 분양가 규제는 곤란 46 | 주택금융 확대는 양날의 칼 50 | 투명한 부동산거래 시스템을 54 | 부동산 투기는 투기일 뿐 60

2. 권력 마피아와 부정부패의 함수 63
　　시급한 정치자금 개혁 65 | 행정만능주의 타파해야 68 | 지하경제를 햇빛 속으로 77

3부 파업 회오리의 정치경제학

1. 줄이은 파업이 나라 망친다 87
　　법보다 주먹이 가깝다? 88 | 만인의 만인에 대한 투쟁 95 | 걱정되는 새 불씨, 노·노 갈등 102 | 입술이 망하면 이가 시리다 106

2. 떡 키우기와 떡 나누기 111
　　20 : 80 시대의 산업평화 조건 112 | 고용안정 대 생산성 향상 117 | 새로운 노사협력 틀을 찾아서 122

4부 앞으로 어떻게 먹고살 것인가?

1. 미래의 성장 엔진을 찾아라 131
　　핵심부품 및 소재 개발은 필수 133 | 연구개발 활성화가 관건 137 | 기존 주력산업과 시너지 효과를 141 | 벤처 육성은 시장자율에 맡겨야 146

2. 시대변화의 흐름을 타자 155

서비스 산업의 새 지평을 열자 156 | '약속의 땅', 동북아 경제권 163 | 공공 서비스를 제대로 하라 172

5부 한국경제 도약의 길

1. 위기를 기회로 바꾸자 179

벤치마킹 대상인 '강소국'들 180 | 아일랜드 기적에서 배운다 182 | 네덜란드 경제 이래서 강하다 187

2. 국가 시스템을 혁신하자 193

효율성과 형평성이 핵심 194 | 최우선적으로 사람에 투자하라 200

■ 책을 마치면서 207

제1부

끊이지 않는
경제위기설

1

IMF 때보다 더 힘들다?

2003년 경기가 IMF 외환위기 때보다 더 나쁘다고 아우성이다. 손님이 없어 백화점이 파리를 날리고 빈 택시들이 줄지어 서 있다. 피부로 느끼는 체감경기만큼은 아니지만 경제지표들도 IMF 사태 직후에 버금갈 정도로 좋지 않은 건 사실이다. 2003년 2월 이후 생산과 출하 증가율은 계속 줄어든 반면 재고는 크게 늘었으며, 설비투자 역시 좀처럼 회복되지 않고 있다. 도·소매 판매와 내구재 출하도 모두 큰폭으로 감소했다. 이렇게 장사가 안 되니 일자리 구하기가 어려운 건 당연한 일이다. 공식적인 실업률은 3%대를 유지하고 있지만, 구직을 포기한 실망 실업자들까지 감안하면 실업률은 이보다 훨씬 더 높을 것이 분명하다. 특히 학교를 갓 졸업한 젊은이들이 취직하기가 하늘의 별 따기인 것은 여간 심각한 일이 아니다. 실제로 청년 실업률은 전체 평균 실업률보다 몇 배나 높은 실정이다. 전분기 대비 경제성장률이 2003년 들어 2분기 연속 마이너스를 기록한 것도 예상했던 대로다.

경기만 나쁜 게 아니다. 방만한 기업대출로 인해 빈사 상태에 빠진 시중은행들에 대해 천문학적인 금액의 공적자금을 투입해 간신히 살려 놓았더니, 이번엔 가계대출이 부실해져 죽을 지경이라고 한다. 신용불량자 수가 360만 명에 육박하고 있고, 카드회사 경영이 부실해짐에 따라 카드채를 매입한 투신사 금융상품 MMF(머니 마켓 펀드)에 환매 요청이 쇄도하는 바람에 가뜩이나 부실한 투신사들이 유동성 위기에 직면하기도 했다. 다행히 정부가 개입해 일단 고비는 넘겼지만 2003년 11월에도 LG카드의 현금서비스가 일시 중단되는 유동성 위기가 발생하자, 채권은행단이 2조 원을 긴급지원하는 등 불안한 상황이 계속되고 있는 형편이다. 빚더미에 치여 허덕이는 신용불량자가 360만 명이나 되니, 정부당국이 아무리 금리를 내리고 돈을 풀어도 소비가 늘지 않는 건 당연하다고 하겠다.

설상가상으로 현 정부가 집권한 뒤 산업현장에서 각종 노사마찰이 끊이지 않고 있어 가뜩이나 어려운 경제사정이 더욱 나빠질 수밖에 없다. 2003년 들어서만 두산중공업 사태, 화물연대 파업, 전교조 연가투쟁, 조흥은행 노조파업, 철도노조 총파업, 현대자동차 파업 등 굵직굵직한 노사분규가 끊임없이 터져나와 도무지 정신을 못 차릴 지경이다. 파업 이유도 임금인상이나 복지후생 요구보다는 인권침해 우려, 은행매각 및 철도민영화 반대, 주5일 근무제 시행조건 등 정치적 성격이 짙거나 경영권을 침해하는 이슈가 적지 않았다. 이러니 지나친 행정규제나 남북긴장 못지않게 노사불안이 외자유치에 큰 걸림돌로 꼽히는 것도 결코 과장이 아니다.

물론 심한 불황에 시달리는 게 우리나라만은 아니다. 미국·유럽·일본 등 대부분의 선진국들이 큰 고통을 겪고 있고, 우리의 주요 경쟁국들인 홍콩·대만·싱가포르도 어렵기는 마찬가지다. 그러나 최근 들어 미국·일본 등의 경기회복 조짐이 가시화되고 있고 중국은 사스(SARS) 파동에도 불구하고 고속성장을 지속하고 있는데, 유독 우리만 침체에서 벗어나지 못하고 있는 것 같아 안타깝다. 무엇보다 외환위기 이후 나름대로 구조조정의 고통을 감수했고 그 결과 위기를 단시일에 극복했다고 생각했는데, 막상 현실이 그렇지 않은 데서 오는 실망과 좌절감이 크다. 따라서 서민들이 피부로 느끼는 경제난은 5년 전 IMF 외환위기 때보다 오히려 더 심하다고 봐야 한다. 외환위기 직후엔 어떻게든 난국을 극복해야 한다는 절실한 바람에서 자발적인 금모으기 운동도 있었고, 정부 재정도 여유가 있어 금융기관 회생을 위해 150조 원이 넘는 천문학적인 금액의 공적자금을 신속하게 투입했다. 기업과 노동계도 과거엔 감히 생각지도 못했던 강력한 구조조정 조치를 받아들일 자세가 돼 있었다. 기업들이 합법적으로 정리해고를 할 수 있도록 한 노사정위원회 합의나 6개 은행 폐쇄가 그런 예다. 하지만 지금은 그 동안의 실망과 좌절감이 쌓인 나머지 조금도 양보하지 않으려고 하는 것은 물론, 집단이기주의가 팽배해 있는 형편이다.

잠복했던 위기가 떠오른 것뿐

DJ정부는 지난 2000년 초 IMF 위기를 극복했다고 선언했는데, 왜 이렇게 경제가 어려운가? 일부에서 주장하는 것처럼 단순한 경기둔화일 뿐인가? 아니면 구조적으로 어떤 취약점이 있는 것인가?

이 문제를 얘기하면 떠오르는 일화가 있다. 2000년 4월 총선을 앞두고 야당인 한나라당의 이한구(李漢久) 의원이 "공적자금 투입으로 인한 재정적자 외에도 각종 정부지급 보증 및 국민연금·의료보험 등 4대 연금 재정에서 예상되는 적자까지 감안하면, 국가부채가 1,000조 원에 육박한다"고 주장하자 국가부채 개념을 둘러싸고 찬반논란이 치열하게 벌어지는 등 여론의 반향이 상당히 컸다.

김대중 대통령은 이 점에 대해 매우 섭섭하게 생각한 것 같다. 당시 이헌재(李憲宰) 재정경제부 장관과 이기호(李起浩) 청와대 경제수석이 하루 간격으로 잇따라 언론인들을 초청해 이 문제에 대해 직접 해명하는 자리를 만들 정도였으니 말이다. 이 때 필자는 이헌재 장관에게 이한구 의원의 주장이 옳고 그름을 떠나서, 정부가 IMF 위기 극복을 선언한 것은 결코 바람직하지 않다고 따졌다.

"우리 경제의 구조적인 문제점이 그렇게 금방 고쳐지기 어려운 만큼 임기 동안 허리띠를 졸라매고 경제재건을 위해 노력해야 한다고 국민들을 설득해야 마땅한데, 정반대로 하고 있으니 큰일이다. 대통령이 연두기자회견에서 IMF 위기 극복을 선언한 순간 구조조정은 이미 끝났다"고 필자는 지적했다. 그 때 이헌재 장관은 "나는 한번도 우리 경제가 위기를 극복했다고 말한 적이 없다. 응급실에서 중환자실로 옮긴 정도라고 생각하는데, 정치인들이 선거를 의식해 앞서나간 것이다"라고 변명했다.

당면한 경제난에 대한 필자의 시각은 이 일화의 연장선에 있다. 한마디로 DJ정부가 철저하게 구조개혁을 하지 않고 총선을 의식해 중간에 옆길로 샌 탓이 크다고 본다. 1999년 코스닥 붐이나 정부가 앞장선 벤처 육성책이 그렇고, 신용카드 사용을 부추기고 부동산경기 활성화를 경기 부양책의 일환으로 이용한 것도 바람직하지 않기는 마찬가지다.

지난 1999년 하반기 이후 경기가 어느 정도 회복됐을 때 지나치게 느슨해진 통화관리의 고삐를 조이고 금리도 상향조정해야 했는데, 대우그룹 부도사태로 금융시장이 경색되는 바람에 기회를 놓쳤다. 2000년 4월 총선 이후에라도 구조조정을 강력히 추진하는 동시에 경제를 안정 위주로 끌어갔어야 했는데, 그렇게 못한 것이 결과적으로 지금과 같은 불황을 불러왔다고 생각한다.

거품이 붕괴하자 수많은 투자자들이 막대한 손해를 봤고 각종 게이트가 꼬리를 물었다. 수백만 명에 달하는 신용불량자와 부동산 거품은 지금도 경제안정을 위협하고 있다. 외환위기는 겉으로 외화유동성 부족의 형태를 띠었지만, 그 배후에는 거액의 부실채권과 낙후된 금융 시스템이 있으며, 가장 밑바닥에는 취약한 기업수익성과 산업경쟁력이 도사리고 있다. 막대한 공적자금 투입과 지난 5년 동안의 구조조정 노력으로 금융시장은 어느 정도 정상화됐으나, 이번에는 가계대출 부실이 눈덩이처럼 불어난 것을 보면 낙후된 금융 시스템은 여전하다고 봐야 옳다. 특히 공적자금 투입에 따른 재정위기를 해소하자면 오랜 시간이 필요할 것으로 전망된다. 그러나 금융 시스템 개혁이나 재정적자 해소는 기업경쟁력 약화에 비하면 그래도 덜 심각하다고 할 수 있다. 이 문제가 어느 정도 일단락 지어지려면 상당히 긴 시간이 필요하다.

경기가 좋을 경우에는 그럭저럭 버틸 수 있지만 일단 경기가 나빠지면, 부실기업은 물론이고 겉으로는 멀쩡하지만 내실이 부족하고 경쟁력이 약한 기업들은 당장 영업이익으로 이자도 갚지 못하게 된다. 즉 경기가 나빠지면 위기상황이 주기적으로 반복되는 현상이 발생하게 된다. 당면한 경제난은 이런 구조적 취약성이 드러난 것일 뿐이라고 본다. 이를 해결하는 지름길은 정부가 온 국민에게 사태의 심각성을 제대로 인식시키는 동시에 허리띠를 졸라매고 일치단결해 일정 기간 동안 집중적으로 구조개혁에 매진하는 것이다. 고부가가치 제품개발과 생산성 향상, 부실기업 및 부실채권의 신속한 정리, 경제를 좀먹는 부동산 투기 및 부정부패 근절, 노사협력과 산업평화 구축 등이 그것이다.

기업경쟁력 약화가 주범

우리 경제를 위기로 몰아넣은 원인은 보는 시각에 따라 다양하지만 과잉투자와 과잉부채, 그리고 과잉고용으로 인해 기업체질이 허약해진 것이 근본 원인이라는 점에는 이의가 없다. 이자보상배율이 1을 밑도는 기업들 수가 전체 상장기업의 3분의 1 가까이 될 정도로 기업경쟁력이 약하니, 경기가 조금만 나쁘거나 환율이 약간만 떨어지면 큰일이 난 것처럼 호들갑을 떨 수밖에 없다.

왜 이렇게 우리 기업들은 경쟁력이 약한가? 그 원인은 어디에 있는가? 수익을 목적으로 생산활동을 벌이는 기업의 경쟁력은 비용과 수익 양쪽 측면에서 파악할 수 있다. 비용은 가능한 한 줄이고 수익은 최대한 늘려야 하는 것이 당연하다. 다만 비용과 수익은 상대적인 개념이라는 점에 유의해야 한다. 즉 추가비용이 발생해도 추가수익이 더 크다면 아무런 문제가 없다. 경제이론상 한계비용과 한계수익이 같은 점에서 이익극대화가 이뤄지기 때문에, 지나치게 생산·투자를 확대하다가 한계비용이 한계수익보다 커지면 손실이 발생한다. 뿐만 아니라 위험관리를

이자보상배율이란 영업이익을 지급이자로 나눈 수치로서 1보다 크면 영업이익이 지급이자보다 많다는 뜻이 된다. 건강한 체질의 기업이라면 당연히 이자보상배율이 1보다 훨씬 커야 한다.

소홀히 할 경우 자칫 통상적인 수준을 넘는 큰 손해를 보고, 극단적인 경우 흑자도산(黑字倒産)할 가능성도 있다. 과거 우리 기업들이 과잉생산과 과잉투자를 일삼다가 연쇄

> 흑자도산이란 일상적인 생산·영업활동에는 별 문제가 없고 경영수지도 흑자를 유지하고 있으나, 유동성 부족 또는 다른 돌발사태로 기업이 쓰러지는 현상을 말한다.

도산한 것이 좋은 예다. 특히 과잉부채로 인해 피해가 더욱 컸다. 그러나 외환위기 이후에는 정반대 현상이 벌어지고 있다. 시장상황이 불확실한 탓에 기업들이 수익창출보다 비용절감에만 치중하다 보니 투자를 거의 하지 않아 재무구조와 수익성은 좋아졌지만 성장잠재력은 크게 감소하고 있는 실정이다. 2002년 상장사 순이익은 사상 최대인 23조 8,000여억 원을 기록했으나 경기하강·유가상승·환율불안·반도체 불황 등 외부 악재가 겹친 2003년 1·4분기에는 전년 동기 대비 20% 이상 감소한 것만 봐도 우리 기업의 수익기반이 얼마나 취약한지 알 수 있다. 게다가 삼성전자를 비롯한 상위 6대 기업의 경상이익이 전체 상장기업 경상이익의 70%를 차지할 정도로 양극화가 극심한 실정이다. 그나마 수익의 상당 부분은 비정규직 고용확대로 인건비를 줄이고 금리가 사상 최저수준을 기록한 덕분이고 보면, 기업수익성의 내용은 더욱 부실하다고 봐야 한다. 그렇다면 우리 기업의 경쟁력강화 노력은 우선 노동과 자본과 같은 생산요소를 효율적으로 활용할 수 있는 경영 시스템 구축에 집중돼야 마땅하다.

삼성경제연구소 연구자료[1]는 이런 실상을 잘 보여주고 있다. 업종별로 국내외 대표기업들을 CEO 시스템, 사업구조 세계화, 경영지원·경영관리, 윤리·환경경영 등 6개 요인별로 비교해 본 결과 국내 기업들

---

1) 이언오, 기업경쟁력 현황과 제고방안, 심포지엄 '한국의 국가경쟁력, 이대로 괜찮은가', 2003. 6. 27.

은 선진국 기업에 비해 경쟁력이 크게 떨어지는 것으로 나타났다. 항목별로 보면 주력사업·경영관리 등에서는 선진국 기업들과의 격차를 어느 정도 좁혔으나 CEO 시스템, 윤리·환경경영, 세계화 등에서 큰 격차를 보였다. 특히 경영관리 중에서 위험관리, 경영지원부문 중 핵심인재 확보 및 연구개발 등은 매우 취약했다. 또한 사업구조가 지나치게 정보통신 쪽에 치중돼 있어 미래 유망사업에 대한 투자가 폭넓게 이루어지지 않은 것도 경쟁력을 끌어내리는 큰 요인의 하나다. 이런 연구결과는 우리 기업의 취약점이 어디에 있으며, 왜 선진국 기업에 비해 경쟁력이 떨어지는지를 극명하게 드러내고 있다고 하겠다. 즉 일상적인 생산·영업활동 측면에서는 별 차이가 없고 경기가 좋을 때에는 더욱 그렇지만, 리스크 관리가 허술한 탓에 언제 큰 손해를 입을지 모르는 위험에 무방비 상태로 노출돼 있는 경우가 적지 않다. 특히 미래의 수익성 창출을 좌우하는 연구개발과 이를 주도해야 하는 핵심인재 육성이 크게 부족한 점과, 미래 유망사업 투자 폭이 매우 좁은 것은 하루가 다르게 치열한 경쟁에서 결정적인 취약점임에 틀림없다. 글로벌 시대의 기업경쟁력은 안정적이고 개방적인 경영 시스템과, 이를 효율적으로 운영할 수 있는 소프트웨어 능력이 핵심사항이라는 점을 명심해야 할 것이다.

2

온통 지뢰밭이다

일찍이 공자(孔子)가 국가적 위기의 본질을 갈파한 유명한 얘기가 있다. "나라를 다스리는 데 꼭 필요한 것이 무엇입니까?" 제자가 묻자 공자는 "신(信), 식(食), 병(兵)이다"라고 대답했다. 요즘 식으로 표현하면 국민신뢰·경제·국방이라는 얘기다. "그 중에서 부득이 한 가지를 포기해야 한다면 무엇을 버려야 하겠습니까?"라고 묻자, "병(兵)이다"라고 대답했다. "부득이 또 한 가지를 포기해야 한다면 무엇을 버려야 하겠습니까?"라고 다시 묻자, "식(食)이다. 차라리 굶어죽을지언정 신(信)을 잃으면 나라를 단 하루도 유지할 수 없다"라고 말했다. 신뢰의 중요성을 말할 때 자주 인용되는 이 이야기는 정보화 시대인 오늘날 더욱 실감난다. 경제난이 지금처럼 심각해지고 크게 확산된 배경도 다름 아닌 신뢰상실의 탓이 가장 크다고 본다.

위기확산은 신뢰상실 때문

경제이론에는 이른바 '레몬(lemon)' 시장에 관한 분석이 있다. 겉은 그럴 듯하지만 속은 부실한 '빛 좋은 개살구'가 진품과 뒤섞여 알아보기 어려울 경우 소비자가 어떻게 행동할 것인가라는 점이 연구과제다.

여기서 나온 개념이 도덕적 해이와 역선택이다. 이렇게 불안한 상황에서 경제활동이 정상적으로 이뤄질 리 없다. 사방에 위험이 깔려 있다고 생각되면, 기업들은 투자를 꺼리고 안전 위주로 의사결정을 하며 재고부담도 최소화하려고 한다.

그렇다면 무엇이 '레몬'인가? 이미 부도가 난 기업은, 그 사실이 알려진 만큼 혼선을 일으키지 않는다. 공적자금이 투입됐거나 화의나 법정관리 중인 기업들이 살아남기 위해 덤핑을 일삼는 바람에 마진 폭을 축소시켜 다른 기업들에게 피해를 입히는 일종의 역선택 현상을 발생시키지만, 적어도 불확실하지는 않다.

문제는 겉으로는 멀쩡한 것 같아도 기업내용이 부실해 조금만 시장환경이 악화돼도 부도를 내거나 경영이 크게 위축될 가능성이 높은 기업들이다. 이자보상배율이 1에 미달하는 기업들이 전체 상장기업의 3분의 1 가까이 되는데다, 비율이 1은 넘어도 수익성이 좋지 않거나 각종 위험관리가 취약한 잠재적 부실기업까지 합치면 그 수는 상당히 많다고 봐야 한다.

부실한 것은 기업만이 아니다. 외환위기 이후 은행들은 가계대출에 주력했는데, 코스닥 거품이 가라앉고 신용카드가 남발되는

> 도덕적 해이(moral hazard)란 자신의 직무에 최선을 다하지 않는 기강해이를 말하며, 역선택(adverse selection)은 부실제품(또는 부실자산)일 가능성이 높은데도 불구하고 이를 선택해 스스로 큰 위험부담을 지는 행위를 말한다.

바람에 가계부실 또한 위험수준을 넘었다. 빚을 못 갚아 금융거래를 제한받는 신용불량자 수가 무려 360만 명에 육박하는 사실이 사태의 심각성을 잘 말해 주고 있다. 신용카드사의 신규연체는 최근 증가세가 다소 줄었으나, 경기침체와 고용사정 악화로 인해 기존 연체금의 회수 실적은 별로 나아지지 않고 있다.

특히 연체금 상환을 일시적으로 유예하는 수단으로 이용되고 있는 대환대출을 포함하면 실제 연체율은 평균 30%대에 이르는 실정이다.

신용카드 빚뿐 아니라 주택담보대출의 경우도 이자조차 못 갚는 서민들이 확산돼 가계부실 우려가 더욱 높아지고 있다. 국민은행은 2003년 3월 말에 2.7%이던 주택담보대출 연체율이 9월 말에는 3%를 넘은 것으로 추산된다고 밝혔다. 우리은행도 주택담보대출 연체율이 2003년 3월 말 1.44%에서 9월 말 1.7%로 껑충 뛰었다. 특정 지표만으로는 가계부실 실상을 정확히 파악하는 데 한계가 있어 가계자산 및 부채규모, 이자부담, 채무상환능력 등을 종합적으로 고려해 LG경제연구원이 개발한 가계부실지수를 봐도 사정은 마찬가지다.

가계부실지수는 가계의 가처분소득에 대한 부채이자 지급액의 비율로서 이자부담 정도를 알 수 있는 이자상환비율(Debt Service Ratio), 채무상환능력을 나타내는 금융자산/금융비율(Asset-debt Ratio), 지급여력을 나타내는 가계흑자율, 미래의 부채상환 가능성을 간접적으로 판단할 수 있는 실업률 등 4가지 구성지표로 작성했다. 이자상환율·실업률이 높거나, 자산/부채비율·가계흑자율이 낮을수록 가계부실지수는 상승하게 된다. 지수작성은 특정 구성지표가 전체 지수를 좌우하지 않도록 각 지표들의 평균값(=1)과 진폭(분산=1)을 같게 한 후 표준화된 구성지표들을 합산했다.

가계부실지수 = 이자상환비율 + 실업률 − (금융자산/금융부채) − 가계흑자율

- 이자상환비율 = (이자지급액)/(가계의 가처분소득)
- (금융자산/금융부채) = (가계의) 총 금융자산/총 금융부채
- 가계흑자율 = (소득 − 소비지출)/(가계의 가처분소득)

기업은 물론이고 저축의 주체로서 전통적으로 기업부문에 자금을 공급해 온 가계마저 온통 부실 덩어리이니, 기업투자가 이뤄지지 않는 게 어쩌면 당연한 일인지 모른다. 상황이 불확실할 때는 시간을 끌면서 불확실성이 없어질 때까지 기다리는 것도 하나의 훌륭한 전략이기 때문이다. 투자가 부진하니 내수경기가 살아날 리가 없고, 거꾸로 경기가 회복되지 않으니 가계부채가 줄어들지 않는 악순환이 벌어지고 있다. 지난 1980년대 미국의 경험을 봐도 가계와 기업의 과잉부채가 경기회복에 큰 걸림돌인 것이 분명하다. 당시 미국 기업들은 인수·합병(M&A) 열풍에 휩싸인 나머지 거액의 부채를 지고 있었으며, 은행대출을 받아 부동산을 구입하는 데도 열중했다. 레이건 행정부도 지나친 국방비 지출로 인해 재정적자가 누적돼 있었고 달러화 강세 덕분에 가계 소비도 활발해 무역적자도 크게 늘었다.

이렇게 가계·기업·정부가 모두 부채를 많이 지고 있는 상황에서 남미국가들에 빌려준 거액의 대출이 국가부도 사태로 인해 부실채권으로 전락하자, 유동성 위기를 우려한 미국 금융기관들은 1980년대 중반 이후 돈줄을 조였다. 그 여파로 금리가 오르면서 경기침체가 시작돼 1990년대 초반까지 이어졌다. 게다가 걸프전쟁이 터지는 바람에 미국 정부의 재정부담은 더욱 커질 수밖에 없었다. 1992년 대선을 앞둔 당시의 부시 정부는 경기부양을 위해 갖은 노력을 기울였으나, 경기는 회복될 듯하다가 다시 주저앉는 현상을 되풀이했다. 이런 현상이 두 번 거듭되면 더블 딥(double dip), 세 번을 거듭하면 트리플 딥(triple dip)이라고 하는데, 당시 미국 경기회복 과정에서 트리플 딥까지 일어난 가장 큰 원인은 바로 지나친 부채 탓이다.

이와 관련해 특히 걱정되는 대목은 우리나라의 가계부채가 경제규모에 비해 너무 많다는 점이다. 국내총생산(GDP) 대비 가계부채 비율은 미국과 비슷한 85%선이지만, 부채상환능력은 미국에 비해 크게 떨어진다. 2003년 2분기 말 현재 우리나라의 '금융자산/금융부채' 비율은 197%로 미국의 344%보다 크게 낮다. 우리보다 부채상환능력이 훨씬 좋은 미국도 '부채의 덫'(debt trap)에 걸려 불황을 벗어나는 데 크게 애를 먹었고, 앞으로 우리 경제가 얼마나 더 고통을 겪을지 걱정이 태산이다.

위축된 소비가 되살아나려면 가계부실을 어느 정도 해소해야 하는데, 여기에는 상당한 시간이 걸리게 마련이다. 기업부실도 마찬가지다. 이미 부실해진 기업은 회생시키거나 자산을 매각하고 파산 처리하는 수밖에 없는데, 이 과정은 매우 고통스럽고 복잡한 절차를 거쳐야 한다. 그러나 이런 작업이 아무리 어렵고 오랜 시간이 걸린다 해도 마냥 미루거나 안 할 수는 없으며 오히려 가능한 한 서둘러 끝내야 옳다. 부실정리를 미루면 시장상황이 불확실해져 정상적인 거래나 기업활동을 저해할 가능성이 높기 때문이다.

대표적인 예로 이웃나라 일본을 들 수 있다. 1990년대 초 일본경제의 거품이 붕괴하자 은행을 비롯한 일본 금융기관들은 무려 1,000조 원에 달하는 엄청난 부실채권을 떠안게 됐다. 일부 외국계 투자은행들은 일본 금융기관들의 실제 부실채권 규모는 공식적인 발표보다 몇 배나 많아 수천조 원이 넘는다고 추산하고 있다. 상황이 위급한데도 일본 정부와 금융기관들은 신속한 부실채권 정리에 따른 엄청난 충격을 걱정한 나머지, 일본식 부실채권 분류기준을 고집하며 단계적인 부실정리를 강행했다. 그 결과 일본경제는 10년 이상이 지난 최근까지도 장기불황에서 헤어나지 못하고 있다.

일본과는 대조적으로 미국은 단호하게 부실을 정리함으로써 금융위기를 빨리 수습했다. 지난 1980년대 중반 많은 저축대부조합(Savings & Loan Association)들이 한꺼번에 부실화되는 바람에 저축대부조합의 예금지급을 보증하는 연방기관인 연방저축대부조합 예금보험공사(FSLDIC : Federal Savings & Loan Association Deposit Insurance Corporation)가 파산하는 등 위기상황을 맞았다. 그러자 미국 정부는 연방기구인 '정리공사'를 만들고 수천억 달러의 연방자금을 투입해, 수백 개의 부실 저축대부조합 자산을 인수하고 이들을 파산 처리했다. 결과적으로 1,500억 달러에 달하는 부실처리 비용이 들었지만 위기는 더 이상 확산되지 않았다.

우리도 미국처럼 외환위기 직후 150조 원이 넘는 공적자금을 투입해 구조조정을 단행했지만, 아직도 적지 않은 수의 부실기업들이 남아 있는 실정이다.

하이닉스 반도체나 한국·대한투신이 대표적인 예다. 정부는 지금이라도 강력한 구조조정을 시행해 시장 불투명성을 제거하고, 가계부실에 대해서도 특단의 대책을 강구해야 마땅하다. 그래야만 경제위기가 더 이상 확산·심화되는 것을 예방할 수 있다고 본다.

철저한 시장감시 체제를

이미 부실해진 기업과 가계에 대해 신속하게 대응하는 것도 시급하지만, 앞으로 부실이 발생하지 않도록 사전 예방하는 일이 훨씬 더 중요하다는 점은 두말 할 필요도 없다. 특히 금융부문의 시장규율(market discipline)을 엄격히 감시하는 것이 핵심이다. 불특정 다수로부터 돈을 받아 다시 불특정 다수에게 운용하는 특성으로 인해 금융기관의 도덕적 해이는 그 파장이 일반기업에 비해 훨씬 더 크며, 특정 분야에서 발생한 부실을 다른 부문으로 확산시키는 통로 구실을 하기 때문이다. 따라서 부실확산을 방지하자면 금융시장부터 안정시키는 것이 급선무다. 현재 국내 금융기관들은 금융감독위원회와 금융감독원의 감독을 받으며 필요한 경우 증권거래소·예금보험공사·한국은행 등이 특정 분야에 대해 검사를 하고 있다. 그런데 얼마 전 현대 비자금 사건에서 또 권력층의 압력으로 인해 산업은행이 규정을 위반하고 불법·탈법행위를 저지름으로써 거액의 부실채권이 발생했다. 이 과정에서 금융감독위원회는 산업은행의 부정행위를 묵인한 건 물론이고 조장하기까지 했다는 사실이 드러난 것은 큰 충격이다. 외환위기 이후 대대적인 금융 구조조정을 추진하면서 금융기관의 도덕적 해이를 막기 위해 각종 제도를 정비하고 여러 가지 안전장치를 마련했건만, 권력층의 압력 앞에서는 별로 효과가 없었던 것이다.

그렇다면 앞으로의 과제는 금융감독 당국을 정치권력의 압력으로부터 자유롭게 하는 일이다. 그렇지 않아도 금융감독 업무에 재정경제부와 한국은행 등이 어지럽게 얽혀 있어 문제로 지적돼 왔던 터다. 더구나 하라는 금융기관 감시는 제대로 못 하고 정경유착의 도구로 전락했으니, 금융감독위원회·금융감독원은 입이 열 개라도 할 말이 없다. 지금까지 여러 가지 방안이 논의됐지만, 금융감독위원회가 관할하는 금융정책 업무는 재정경제부로 이관하고 금융감독위원회와 금융감독원을 무자본 특수법인으로 통합하는 것이 최선이라고 본다. 대신 지나친 업무부담을 줄이고 권한 집중을 막기 위해 한국은행 등에 은행감독 업무를 적절히 분담시키는 것이 바람직하다. 금융감독원은 펄쩍 뛸지 모르지만 한국은행의 은행감독 업무가 조금 더 확대된다고 해서 당장 큰 부작용이 생기는 건 아니다. 대신 금융감독원은 투신·보험·증권·상호저축은행 등 취약한 제2금융권에 대한 경영감시 활동을 대폭 강화하고 신용협동조합·새마을금고 등 서민금융기관의 자산건전성도 높여야 할 것이다. 이 밖에 파이낸스 같은 유사금융업, 대금업, 다단계금융 조직 등의 불법영업이나 횡포도 철저히 단속하고, 주식과 관련된 크고 작은 불공정거래도 뿌리뽑아야 마땅하다. 이렇게 처리해야 할 과제가 많은데도 어느 것 하나 제대로 못 하면서 관할권 다툼만 벌여서는 안 될 것이다.

금융기관 투명경영과 관련해 풀기 어려운 숙제가 하나 있다. 산업자본과 금융자본을 엄격히 분리한다는 명분으로 은행지분 소유한도를 4%(금융전업 기업은 10%)로 엄격히 제한하는 바람에 은행 경영효율이 크게 떨어지는 것이 문제다. 그렇다고 민간기업의 은행소유를 허용하자니 은행의 사금고화에 대한 우려를 떨치기 어려운 것이 엄연한 현실이다. 외환위기 전후 소유주가 있는 종합금융사들 대부분이 심각한 도덕적 해이로 인해 도산한 것만 봐도 그렇다.

은행소유를 허용하되 철저히 감독하면 아무 문제 없다는 주장과, 대주주를 두지 않고 은행경영은 전문경영자에게 맡기면 된다는 주장이 맞서고 있다. 정부는 은행경쟁력을 강화하는 동시에 사금고화에 대한 우려도 없애는 방법으로 은행소유권을 외국인 손에 넘기고 있다. 그 동안 제일은행이 뉴브리지 캐피탈에, 한미은행이 칼라일 그룹에, 외환은행이 론스타에 각각 넘어갔다. 우리은행 등 정부가 대주주인 공적자금 투입 은행들은 민영화를 서둘러야 하는데, 이런 식으로 가면 전국규모 시중은행들은 모두 외국인 손에 넘어가지 않을지 걱정이다. 그러나 제

외국 펀드로 넘어갈 다음 은행은?

| 한국경제신문 2003년 8월 29일 |

예고됐던 대로 외환은행이 미국계 투자 펀드인 론스타에 넘어갔다. 외환은행이 경영난을 벗어나게 된 건 다행이지만 뉴브리지 캐피탈의 제일은행, 칼라일의 한미은행 인수에 이어 또 하나의 시중은행이 외국계 벌처 펀드로 넘어간 것은 생각해 볼 점이 적지 않다.

이대로 가다가 전국규모 시중은행이 모두 외국인에게 넘어가는 일은 없을지 의문이다.

국내기업들의 은행인수 참여를 원천 봉쇄하고 있는 현행 역차별 정책은 재고돼야 마땅하다.

산업자본과 금융자본 분리라는 명분 아래 은행의 동일인 지분한도를 4%로 제한, 결과적으로 국내 금융시장의 안방을 외국자본에 송두리째 내주는 것이 올바른 금융산업 정책이라고 보지 않는다면 그러하다. 단기차익을 노리는 이들 외국계 투자 펀드의 특성이 은행은 물론 거래 기업들의 경영에도 부정적인 영향을 미치지 않을까 걱정된다.

외환은행이 주거래 은행인 현대그룹이나 하이닉스반도체 문제도 더욱 복잡해질 가능성을 배제하기 어렵다. 벌써부터 이들 펀드가 경영권을 장악한 은행의 주가를 올리기 위해 또 한 차례 은행합병 바람을 불러일으키지 않겠느냐는 예측이 많은데, 은행들이 이합집산하는 과정에서 생길 불똥이 기업들에 튀지 않도록 유의해야 할 것이다.

또한 몸집이 비대해진 시중은행들이 수익극대화를 위해 수수료를 마구 인상하는 등 횡포를 부릴 경우 어떻게 할지도 생각해야 할 대목이다. 외국계 펀드의 시중은행 인수는 지금까지의 사례를 종합해 보면 결코 성공적이라고 평가할 수 없다.

제일은행의 경우 선진 금융기법을 전수받는다는 당초 기대가 충족되지 못했을 뿐 아니라 공적자금 투입규모만 크게 늘리는 결과를 초래했다.

앞으로 우리은행 등 정부가 대주주인 공적자금 투입은행들의 민영화를 서둘러야 하는데, 계속 이런 식으로 가면 또 외국계 투자 펀드가 인수해 갈 게 분명한 만큼 대비책을 세워야 할 것이다. 그 핵심은 은행 소유지분 제한을 철폐하는 것임은 두말 할 필요가 없다.

제일은행 스톡옵션 철회해야

| 한국경제신문 2001년 4월 20일 |

제일은행의 거액 스톡옵션(주식매입선택권) 부여에 대한 위법 시비가 아직 정리되지 않은 마당에 이번에는 일반직원들에게도 스톡옵션을 달라는 노조측 요구로 갈등이 더욱 커지고 있는 모양이다. 그렇지 않아도 제일은행의 영업실적은 경영을 잘 해서라기보다 막대한 공적자금이 투입된 덕분이라는 지적이 적지 않은 판에, 경영개선에는 아무 도움이 되지 않고 임직원들의 도덕성 해이만 조장하는 스톡옵션은 철회돼야 마땅하다.

제일은행 경영진은 스톡옵션을 부여한 이사회 당일에 법이 바뀌는 바람에 위법 사실을 몰랐으며, 개정된 증권거래법 시행령 84조 9항의 규정에 따른다고 해도 행사가격을 지정하지 않은 것은 결정권한을 가진 금감위의 잘못이라고 주장하고 있다. 그리고 제일은행 매각 당시 전체 발행주식의 5% 범위에서 스톡옵션을 줄 수 있도록 계약서에 명시돼 있어 스톡옵션 부여에 아무런 문제가 없다고 항변한다.

그러나 이 같은 반론은 두 가지 점에서 별로 설득력이 없다. 우선 분명히 할 것은 위법사실을 몰랐다고 해서 면책되는 것은 아니라는 것이다. 더구나 1년 전에 스톡옵션을 주기로 결정하고도 그 동안 쉬쉬하고 있다가 최근에야 공시한 것을 보면 위법사실을 몰랐다는 변명도 얼마나 믿어야 할지 의문이다.

물론 이사회 결의 당시 반대하지 못하고 이후에도 행사가격을 지정하지 않는 등 관계당국의 잘못도 적지 않지만, 그렇다고 해서 위법사항을 기정사실로 밀어붙이는 것은 선진금융의 모범을 보여야 할 제일은행 경영진으로선 해서는 안 될 일이라고 생각한다.

법규위반 못지않게 과연 스톡옵션을 줄 만큼 경영개선이 충분히 이뤄졌느냐도 심각히 따져봐야 할 문제다.

노조의 임금인상 요구를 거절하면서 현 경영진 스스로가 지난해의 양호한 경영실적이 영업능력 강화의 결과라기보다는 공적자금투입 덕분이라는 점을 강조했고, 스톡옵션은 행사가격·행사기간·업적평가방식 등을 세심하게 고려해야 한다는 점을 누구보다 더 잘 알 만한데 왜 이렇게 무리를 하는지 이해하기 어렵다.

호리에 제일은행장이 지난해 금융감독위원회의 기업지원 요청을 거절하며 "은행이 정부의 지갑이 돼서는 안 된다"라고 주장한 적이 있다.

우리는 같은 이유에서 '은행이 경영진이나 임직원의 지갑'이 돼서도 안 되며, 경영개선 성과는 경영진과 임직원은 물론 고객과 국민 모두에게 되돌려야 옳다고 믿는다.

제일은행은 하루빨리 스톡옵션을 철회해야 하며 그렇지 않을 경우 금융감독위원회가 필요한 조치를 취해야 할 것이다.

일은행의 경우를 보면 은행이 외국인 소유가 됐다고 해서 꼭 수익성이 호전되거나 경쟁력이 강화되는 것은 결코 아니라는 걸 알 수 있다. 선진 금융기법을 전수받는다는 당초 기대와는 달리 풋백 옵션 때문에 공적자금 투입액만 크게 늘린 셈이 됐다. 게다가 제일은행 경영진은 은행인수 뒤 경영개선에 힘쓰기보다 스톡 옵션을 챙기는 데만 급급해 공연히 분란만 일으켰다.

> 풋백 옵션(putback option)이란 일단 기업을 인수한 뒤 일정 기간 안에 부실자산이 추가로 드러날 경우, 판 쪽에서 그 부실자산을 다시 사가기로 하는 조건을 말한다.

그렇다면 외국인에게 은행경영권을 넘기는 것도 유일한 해법은 아닌 셈이니, 더 이상 국내기업에 대한 부당한 역차별을 지속할 것이 아니라 은행소유 허용 여부와 대주주의 경영권 행사에 대해 근본적으로 재검토해야 옳다고 생각한다. 국가경제의 자원배분을 담당하는 금융기관의 경영권 향방은 국가경쟁력에도 큰 영향을 미치게 마련이다.

예를 들어 시중자금이 부동산으로 흘러들어가면 부동산 값이 오르고, 증시로 유입되면 증시가 호황을 누리게 된다. 따라서 국내은행 경쟁력이 강화될 때까지는 대주주가 경영권을 행사하되 기관투자자 등을 통해 대주주의 횡포를 견제하고, 공익대표인 사외이사가 은행경영의 공익성을 제고하도록 하는 수밖에 없다. 국내은행의 경쟁력이 충분히 강화된 다음에는 외국은행과의 경쟁을 촉진함으로써 은행의 강력한 영향력을 자연스럽게 축소시켜 나가야 할 것이다. 또한 금융기관 지배구조뿐 아니라 전체 경제구조를 제도적으로 정비하고 개혁하는 노력도 긴요하다고 하겠다. 이렇게 되면 금융기관 소유 자체는 별로 큰 의미가 없게 된다. 그 때서야 금융자본과 산업자본의 분리라는 어려운 문제가 자연스럽게 풀려가게 될 것이다.

제2부

경제의 뿌리를 좀먹는
'공공의 적'

1

'강남 불패' 신화는 언제까지?

우리 경제의 뿌리를 좀먹어 온 고질병이 또다시 도졌다. 한동안 잠잠하던 부동산 투기가 2001년 하반기부터 다시 불붙은 것이다. 정부당국이 2002년과 2003년 갖가지 투기대책을 발표하고 나서야 겨우 투기열풍이 잠잠해졌지만, 투기가 완전히 잡혔다고 장담하긴 아직 이르다. 무려 400조 원이나 되는 부동자금이 틈만 나면 다시 부동산으로 흘러들려고 대기 중이기 때문이다. "한국은 땅이 좁고 인구가 많아 부동산값은 절대 안 떨어진다"든지, "큰돈을 벌려면 역시 부동산 투자가 최고다"라는 말이 널리 퍼져 있는 것만 봐도 우리나라 사람들이 얼마나 병적으로 부동산에 집착하는지 짐작할 수 있다. 특히 서울 강남 지역은 전국의 집값 상승을 주도하고 있어 그야말로 '강남 불패' 신화라고 할 만하다. 집값 상승세가 꺾였다고 해도, 한번 오른 집값은 좀처럼 내려가지 않는 게 보통이다. 최근 강력한 부동산 대책의 여파로 강남 등 일부 지역에선 아파트값이 한꺼번에 몇천만 원씩 반락하고 있지만,

불과 1~2년 사이에 50~100%나 오른 것에 비하면 하락 폭은 무시해도 좋을 정도다.

집값 불안 여전할 듯

그렇다면 2004년 이후 집값은 어떻게 될까? 핵심변수는 경기동향이라고 할 수 있다. 2004년 이후 예상되는 경기상승세가 강하지 않다면 집값은 약보합세를 보일 것으로 전망된다. 당국의 투기대책이 추가로 예고돼 있는데다, 2001년 이후 착공한 입주물량이 쏟아져 주택수급에 여유가 있을 것이기 때문이다. 그렇지만 행정수도 이전이 추진되고 있는 충청지역 등 시세차익이 예상되는 곳의 집값은 단기적으로 상승할 수 있다. 대기 중인 막대한 부동자금이 또다시 부동산으로 유입될 경우에는 집값이 크게 오를 가능성도 있다. 적어도 단기적으로는 당국의 투기억제 의지가 가장 중요한 변수다. 정부당국이 투기 단속의지를 조금만 늦춰도 집값은 다시 오를 가능성이 없지 않다. 그러나 IMF 위기 이후 우리 경제의 체질변화와 함께 투기양상도 상당히 달라졌다는 사실을 감안해야 한다. 부동산 투기가 극성을 부렸던 시기로 지난 1970년대 말과 '3저 호황' 때인 1980년대 말, 그리고 2001년 하반기 이후가 꼽힌다. 외환위기 이후 저금리 기조가 정착됐으며 경기부양을 위해 정부가 분양가 제한을 비롯한 각종 규제를 대부분 철폐한 것도 이전과 달라진 점이다. 그 동안 주택보급률도 상당히 높아졌다. 1980년대 말에는 지역을 가리지 않고 토지와 주택값이 함께 뛰었으며 전국적으로 부동산 투기가 극성을 부린 데 비해, 최근엔 서울 강남지역과 신도시 건설이 추진 중인 경기도 화성군 등 수도권 지역과 신행정수도 건설이 예정된 충청권 일부가 상대적으로 많이 올랐다. 그러다 보니 수요가 집중된 강남지역의 재건축 예정 아파트에 투기자금이 몰린 건 당연하다. 또한 주택시장 규제가 심했던 과거에는 시세차익을 노린 미등기 전매 같은 불법거래가 많았기 때문에 행정단속이 어느 정도 효과가 있었지만, 요즘엔 분양권 전매가 합법화된데다 분양가 역시 자율화됐기 때문에 행정단속만으론 투기를 막기가 힘들다. 그러나 부동산 투기를 부추기는 기본요인은 별로 달라지지 않았다. 수도권을 중심으로 한 심각한 주택수급 불균형, 느슨한 통화관리와 마이너스 수준인 실질금리, 국제수지 흑자기조 등이 그것이다. 부동산 과표가 시가에 비해 턱없이 낮은 것이나 토지용도 불법변경, 위장전입, 딱지거래, 미등기전매, 개발정보 빼내기, 농지 불법매입, 그린벨트 무단전용 등 온갖 불법·탈법행위가 판을 치는 것도 마찬가지다. 결론적으로 부동산값이 과거처럼 무차별적으로 오르는 것이 아니라 선별적으로 상승하는 만큼 보다 치밀한 투기 대책이 필요하며 경제여건 변화에 따라 신축적으로 대응해야 마땅하다.

그렇다면 망국병인 부동산 투기가 다시는 기승을 부리지 못하도록 할 수 있는 근본대책은 없을까? 치료보다 예방이 훨씬 효과적이라는 건 두말 할 필요가 없다. 병을 예방하려면 병균이 증식할 수 있는 환경을 정화하고 개인위생을 강화하는 노력이 필요하다. 일단 병에 걸렸으면 치료약을 꾸준히 복용해야 한다. 약을 자주 바꾸거나 꾸준히 복용하지 않으면 병균의 내성만 길러 자칫 병세가 더 악화되기 쉽다. 투기대책도 마찬가지다. 예방책은 거시대책과 미시대책으로 나눠볼 수 있다. 거시대책은 통화관리 강화, 실질금리 적정선 유지, 국제수지흑자 관리 등이며, 미시대책으로는 주택공급제도 정비, 과표 현실화 및 분양가 규제 등을 꼽을 수 있다. 우선 거시대책을 살펴보자. "모든 인플레이션은 화폐현상이다"라는 경제이론처럼 물가안정 여부는 기본적으로 통화관리에 좌우된다. 또한 국제부문의 비중이 큰 개방경제에서는 국제수지 변동이 통화관리에 직·간접적으로 영향을 미치게 마련이다. 다른 조건이 같다면 금리가 높을수록 인플레이션 심리를 진정시켜 부동산 투기를 예방하는 데 유리하다. 그러나 경제안정을 위협하는 대형 부실요인들을 아직 말끔히 정리하지 못한데다 극심한 불황까지 겹친 판에, 당장 통화관리를 대폭 강화하거나 금리를 인상하기는 어려운 게 사실이다. 실제로 오랫동안 인플레이션에 익숙해진 경제체질이 하루아침에 달라지기를 바라는 것 자체가 무리다. 그러나 강력한 경제안정책을 시행하기는 어렵다 하더라도, 대형 부실기업들과 제2금융권에 대한 구조조정을 더 이상 미뤄서는 안 될 것이다. 거시경제 기조가 안정적이지 않으면 미시대책만으로는 부동산 투기 진정과 집값 안정을 기대하기는 어렵다. 미시대책 중 가장 중요한 것은 주택공급제도를 실수요자 위주로 바꾸는 일이다. 당장 신축 아파트에 대한 분양방식을 지금의 선분양 방식에서 후분양 방식으로 바꿀 필요가 있다고 생각한다.

후분양제 시행하자

원래 선분양제는 주택공급 확대를 목적으로 주택건설업계의 금융부담과 미분양 위험을 최소화하기 위해 1970년대 후반에 도입됐던 것이다. 선분양제에서는 물건도 없이 판매부터 하니까 수요 걱정을 할 필요가 없는데다, 분양계약자들로부터 계약금과 중도금을 받아 이 돈으로 공사를 할 수 있으니 자금조달을 걱정할 필요도 없어 주택건설업체로선 그야말로 꿩 먹고 알 먹는 셈이다. 이에 비해 후분양제의 경우는 집을 지어놓은 뒤 분양이 잘 안 되면

> 후분양제란 지금처럼 맨땅에 건축허가만 받아놓은 상태에서 분양공고를 내는 것이 아니라, 아파트를 다 지어놓고 나서 분양하는 방식을 말한다.

큰일인데다, 아파트 건설에 필요한 금융비용까지 부담해야 하니 업체들이 반대하는 건 이해할 만하다. 그러나 소비자 입장에선 다 지어놓은 집을 분양받으면 부실시공 여부를 가려내기 쉽고 '묻지마 분양' 폐해도 없어질 것이며, 특히 시공사 도산으로 인한 입주지연의 피해를 원천적으로 예방할 수 있어 등 여러 모로 후분양제가 바람직하다. 건설교통부나 주택건설업계는 후분양제를 시행하면 업계의 자금부담이 가중되는데다, 사업성이 불확실한 경우엔 공사자금 조달 자체가 어렵기 때문에 주택공급 감소가 불가피하다는 점을 들어 반대한다. 게다가 업체의 금융비용 부담이 커지기 때문에 분양가가 인상될 수밖에 없으며, 후분양제를 시행한다고 해서 토목·구조 공사의 품질이 향상되는 건 아니라는 논리를 내세워 후분양제 시행은 시기상조라고 주장하고 있다. 한편에선 분양방식은 시장수급 사정에 따라 자연발생적으로 결정되는 것이지, 정부가 시행을 하네 마네 할 성질의 것이 아니라는 점을 강조하기도 한다. 그러나 이런 반론에도 일리는 있지만 반드시 옳다고 하기는 어렵다. 오랫동안 선분양제를 시행해 오다 보니 익숙하지 않아서 그렇지, 따지고 보면 후분양제 시행은 너무나 당연한 일이다. 후분양제에선 분양계약자들로부터 받은 계약금·중도금 등으로 공사를 했던 과거와는 달리 주택건설업체가 새로운 자금줄을 찾아야 하는 게 사실이다. 자체 보유자금은 물론이고 은행대출, 주식·채권발행 등도 이용해야 한다. 문제는 몇몇 대기업을 빼곤 대부분의 중소업체들은 택지확보만 해

도 힘에 부치는 형편이라, 자체 보유자금이 부족한 건 물론이고 신용이 약해 은행대출을 받거나 주식·채권을 발행하기가 쉽지 않다는 점에 있다. 그렇다면 사업성을 담보로 금융기관에서 필요한 자금을 끌어들이고 그 대신 수익을 나눠 갖는 프로젝트 파이낸싱 기법을 적극 활용하는 수밖에 없다. 업계에선 프로젝트 파이낸싱을 제공하는 금융기관이 큰 위험부담을 떠안는 만큼 사업성을 까다롭게 따질 것이기 때문에 주택공급량이 줄어들 수밖에 없다고 걱정한다. 하지만 사업성을 객관적으로 평가받기 때문에 무모한 사업추진이 없어지고, 시공사의 도산이나 부실시공 또한 크게 줄어드는 효과도 기대된다는 장점을 무시해선 안 된다. 단기적으로는 주택공급이 줄어들 게 분명하지만 전국 평균 주택보급률이 100%를 넘은 상황에서 과거처럼 주택공급 확대에 급급한 나머지 마구잡이식으로 아파트를 짓는 것은 곤란하다. 특히 수도권은 주택보급률이 아직도 80%대에 불과하기 때문에 미분양이 발생할 위험이 적어 당장 후분양제를 시행해도 별 문제가 없다. 프로젝트 파이낸싱에 참여하는 금융기관들의 위험부담도 별로 크지 않다. 사업 내용이 정형화돼 있고 공사 난이도 역시 대부분 평이하며, 공사현장이 국내에 있어 현황파악이 쉽기 때문이다. 지난 1998년 정부는 프로젝트 파이낸싱을 활성화하기 위해 법 제정을 서둘렀으나 결국 입법을 포기하고 말았다. 금융기관은 기업에 비해 발전소·교량·복합 플랜트 등 국내외에서 벌이는 대형공사에 대한 전문지식이 절대적으로 부족한데다, 해외공사의 경우 현지 사정에도 어둡기 때문에 프로젝트 파이낸싱에 참여했다가 공사가 지연되거나 사고가 날 경우 큰 손해를 보는 것은 물론이고, 자칫 거액의 자금이 묶여 유동성 위기에 직면할 가능성도 없지 않다고 우려했기 때문이다. 플랜트 공사와 달리 아파트 공사는 이런 위험을 크게 걱정할 필요가 없다.

 후분양제 시행 초기엔 분양가가 인상될 가능성이 있는 게 사실이지만, 중장기적으로 보면 분양가 추이는 결국 주택수급에 좌우되는 것이지, 분양방식이 중요한 건 아니다. IMF 사태 이후 연평균 물가상승률이 3~5%에 불과했고 여전히 선분양제가 시행되고 있는데도 불구하고, 지난 몇 년 동안 아파트 분양가는 해마다 두 자릿수 인상률을 기록한 것만 봐도 그렇다. 이 때문에 시민단체들을 중심으로 치솟기만 하는 아파트 분양가를 과거처럼 규제해야 한다는 강경한 주장도 없는 건 아니다. 이 문제는 다시 논의하겠지만 정부당국의 직접적인 가격규제는 성공한 예가 별로 없으며, 많은 부작용만 불러올 수 있다는 점에서 바람직하지 않다고 본다. 대신 후분양제를 시행해 소비자 선택권을 극대화하는 동시에 탈세조사 등을 통해 주택건설업체의 경영투명성을 높이는 조치가 효과적이다.

 일부에선 주택경기가 나빠질 경우 금융기관 경영에도 악영향을 미칠 수 있다는 점을 걱정하기도 한다. 그러나 금융기관 경영을 위협하는 것은 개별적인 프로젝트 실패에서 생기는 손해가 아니라 부동산거품 파열 같은 구조적인 문제에서 비롯된다는 점을 알아야 한다. 후분양제는 오히려 국내 금융산업의 선진화를 앞당긴다는 점에서 긍정적으로 평가된다. 지금까지 국내 은행들은 위험부담을 지지 않은 채 손쉽게 이익을 올릴 수 있는 담보대출에만 치중해 왔다. 이와는 달리 자체적인 평가에 따라 위험부담을 지고 대신 높은 수익을 추구하는 프로젝트 파이낸싱은 우리 금융기관들이 마땅히 추구해야 할 선진 금융업태이기 때문이다. 더구나 시중은행들이 IMF 사태 이후 기업대출을 회피하고 가계대출에만 열을 올리는 바람에 생기는 여러 가지 부작용을 감소시

아파트 후분양제 미룰 이유 없다

| 한국경제신문 2003년 1월 20일 |

지금처럼 착공도 하기 전에 아파트를 분양하는 게 아니라, 다 지어놓은 뒤 분양하는 '후분양제' 도입을 인수위가 검토하고 있는 모양이다. 우리는 이미 여러 차례에 걸쳐 고질적인 아파트 투기를 막기 위해서는 물론이고, 시공사의 도산 또는 부실시공으로 인한 입주예정자들의 피해를 원천적으로 방지하기 위해서도 더 이상 후분양제 도입을 미룰 이유가 없다는 점을 강조해 왔다.

일부에선 주택건설업계 자금난 가중으로 인한 주택공급 감소, 분양가 상승 등을 이유로 후분양제 도입이 시기상조라고 주장한다. 그러나 이 같은 반론은 설득력이 약하다.

물론 후분양제가 시행되면 입주예정자들로부터 중도금을 받아 공사비를 조달했던 주택건설업계는 새로운 자금공급원을 찾아야 하는 게 사실이다. 그러나 수익성을 담보로 금융권에서 필요한 자금을 끌어들이고 수익을 나눠 갖는 프로젝트 파이낸싱이 활성화되면 큰 어려움은 없다고 본다. 게다가 사업 타당성을 객관적으로 평가받아 무모한 사업추진이 없어지고 시공사의 도산이나 부실시공 또한 크게 줄어드는 효과도 기대된다.

후분양제는 국내 금융산업의 선진화를 앞당긴다는 점에서도 긍정적으로 평가된다. 지금까지 국내은행들은 위험부담을 지지 않은 채 손쉽게 수익을 올릴 수 있는 담보대출에만 치중해 왔다. 이와는 달리 자체평가에 따라 위험부담을 지고 대신 높은 수익을 추구하는 프로젝트 파이낸싱은 우리 금융기관들이 마땅히 추구해야 할 선진 금융업태다. 주택금융이 활성화되면 정부가 주택경기 부양 또는 투기억제를 위해 냉온탕식으로 규제를 풀었다 조였다 할 필요도 없어진다. 주택금융시장의 금리등락이 주택경기를 조절해 주기 때문이다.

분양가 상승 가능성이 있는 건 사실이지만, 이는 주택공급방식 변경보다는 주택수급사정에 달린 문제다. 따라서 분양신청자격, 양도세과세 등을 실수요자에 유리하게 조정하면 큰 부작용은 없을 것으로 본다. 오히려 시장평가에 따라 분양가가 차별화돼 정부의 일방적인 분양가 규제에 따른 반발을 예방할 수 있다.

그렇다면 인수위는 후분양제 도입 여부가 아니라 어떻게 시행하느냐는 점을 놓고 고민해야 마땅하다. 지방·중소업체부터 단계적으로 시행하자는 의견도 있지만 이는 잘못이다. 이들은 사업성이 좋지 않고 신용도가 약해 이미 자의반 타의반으로 후분양제를 시행하고 있는 만큼, 사업성과 신용도가 좋은 수도권과 대기업부터 대상으로 해야 옳다. 그래야만 긍정적인 효과를 기대할 수 있다고 본다.

킬 수 있는 장점도 있다. 기업금융을 활성화함으로써 기업활동 위축을 막는 한편, 가계대출 부실로 인해 수익성 있는 자금운용대상 발굴에 애를 먹고 있는 문제도 어느 정도 해소할 수 있을 것이다. 이런 점을 종합하면 행정당국은 후분양제 도입 여부가 아니라 어떻게 시행하느냐는 방법론을 놓고 고민해야 마땅하다. 먼저 시행대상부터 생각해 보자. 일부에선 업계에 미치는 충격을 완화하기 위해 지방 사업장이나 중소 건설업체들부터 단계적으로 시행하자는 의견도 있지만, 이들은 상대적으로 사업성이 좋지 않고 기업신용도 약해 이미 자의반 타의반으로 후분양제를 시행하고 있는 만큼 후분양제 시행의 의미가 없다. 따라서 사업성이 좋은 수도권, 신용도가 높은 대기업들이 먼저 후분양제를 시행하는 것이 바람직하다. 후분양제의 긍정적인 효과를 높이기 위해 몇 가지 보완조치가 필요하다고 본다. 우선 부실시공을 보다 확실히 방지하기 위해 아파트 품질을 보증하는 보험상품을 판매할 필요가 있다. 브랜드 평판이 좋은 업체부터 시행할 경우 경쟁적으로 도입될 것으로 전망된다. 보험사들이 보증을 꺼리는 중소 주택건설업체에 대해선 (주)대한주택보증이나 주택신용보증기금이 보증하는 방안도 검토할 만하다.

재건축 억제는 당연

중고주택의 시장에서는 재건축 허용을 엄격히 제한하는 것이 핵심이다. 재건축 가능 여부에 따라 아파트 가격이 큰 폭의 차이가 나는 서울 강남이나 수도권 일부 지역에서는 특히 그렇다. 재건축을 하는 경우 주민들이 이주해야 하고 공사로 인한 소음과 먼지, 교통혼잡 등 주변에

재건축은 말 그대로 주택에 구조적인 결함이 있어, 그 주택에 거주하는 주민들의 안전을 위협하거나 주거환경을 대대적으로 개선해야 할 필요가 있을 경우에 기존 주택을 철거하고 새로 짓는 것을 말한다. 적지 않은 피해를 끼치는 만큼 꼭 필요한 경우에만 하는 것이 옳다. 실제로 유럽에서는 지은 지 100년이 넘은 집을 내부만 수리해서 계속 사용하는 사람들이 많다. 이 경우 일종의 문화유산을 보전하는 효과도 누릴 수 있는 건 물론이다. 그런데 우리는 어찌된 일인지 안전에 별 문제가 없는 멀쩡한 집을 부수고 다시 짓는 경우가 너무나 많다. 재건축을 하면서 용적률 한도 안에서 최대로 넓은 평수의 집을 지어 경제적인 이익을 얻고자 하는 것이 주된 이유다. 주택건설촉진법 시행령 제4조 제2항은 "지은 지 20년 이상인 주택으로서 안전에 문제가 있거나 주거환경 개선을 위해 필요한 경우에 재건축을 할 수 있다"고 규정하고 있는데, 경제적 이익을 챙기는 데만 몰두하다 보니 지은 지 20년만 되면 무조건 재건축을 추진하는 것이 유행처럼 번지고 있다. 이 같은 사실은 지난 1990년대 중반만 해도 연간 수십 건에 불과하던 재건축 추진 건수가 2000년 이후에는 해마다 수백 건에 달할 정도로 크게 늘어난 것만 봐도 알 수 있다. 특히 대규모 택지가 절대적으로 부족한 서울을 포함한 수도권에서는 단지 재건축이 가능하다는 이유만으로 집값이 크게 오르는 현상이 일반화되고 있다. 재건축이 본래의 목적과는 달리 부동산 투기의 수단으로 전락한 셈이다. 이렇게 재건축이 증가함에 따라 나타나는 부작용이 한두 가지가 아니다. 멀쩡한 집을 부수고 다시 짓는 데 따른 자원낭비는 물론이고 재건축 공사로 인한 교통난 가중과 대규모 건축폐기물 발생 등 환경오염, 그리고 입주자 이주에 따른 전세값 상승 등 경제적으로나 사회적으로 엄청난 악영향을 미치고 있다. 그러나 가장 큰 폐해는 두말 할 것도 없이 부동산 투기를 조장한다는 것이다. 이 때문에 최근 재건축을 추진하려는 주민들과 억제하려는 행정당국 간에 밀고 당기는 실랑이가 계속됐다.

재건축을 승인받으려면 지은 지 20년 이상 된 아파트이어야 하고, 거주주민들의 80% 이상의 동의를 받아 재건축조합을 결성하고 시공회사를 선정해야 한다. 다음에 아파트 구조에 문제가 있다는 안전진단 판정을 받은 뒤, 지방자치단체장의 재건축 승인을 받으면 된다. 문제는 안전진단이 형식적인 통과의례에 불과하다는 점이다. 지난 1998년부터 2002년 8월까지 총 457건의 심의대상 중 무려 98.9%인 452건이 재건축 허용판정을 받았다는 국정감사 자료만 봐도, 그 동안 안전진단이 얼마나 형식적으로 시행됐는지 짐작할 수 있다. 더구나 2002년 3월~8월까지 서울지역에서 재건축허용 판정을 받은 32건의 안전진단 결과에 대해 재진단한 결과, 그 중 65.6%가 엉터리로 드러났다고 하니 재건축조합과 안전진단 업체 간에 뒷거래 의혹이 불거지고 있는 것도 무리는 아니다. 이러니 당국이 안전진단을 강화하고 나선 건 당연한 일이다. 서울시는 우선 2002년 3월부터 안전진단 예비판정 제도를 시행했다. 그 결과 2002년 4월과 5월 두 달 동안 안전진단을 신청한 서울 시내 56곳 중 17곳은 아예 대상요건을 충족시키지 못했으며, 예비평가를 받은 나머지 38곳의 70% 이상인 27곳이 '개·보수' 판정을 받아 사실상 사업이 보류됐다. 특히 재건축 허용 여부가 관심의 초점이던 강남 은마아파트가 안전진단 심의를 통과하지 못한 것은 당국의 재건축 억제 의지를 상징적으로 보여주는 사건이었다. 이에 대해 재건축 조합들과 일선 지자체들은 강력히 반발하고 나섰다. 강남구청이 안전진단 심의위원회에 관련 전문가들뿐 아니라 주민대표도 참가시키고, 판정기준에 아파트 유지·관리비 등 경제성도 포함시키기로 한 것이 단적인 예다. 서울시는 안전진단 취지에 어긋난다며 경고했지만, 강남구청은 안전진단이 기초단체의 권한이라며 쉽사리 물러서지 않고 있다.

서울시가 내놓은 또 다른 규제방안은 재건축 요건을 '지은 지 20년 이상 된 주택'에서 '지은 지 40년 이상 된 주택'으로 대폭 강화하는 것이다. 하지만 서울시가 강화된 요건을 당시 국회에 계류 중이던 '도시 및주거환경정비법안'에 규정하자고 주장한 데 비해, 건설교통부는 재건축 과열이 서울과 수도권 일부 지역에만 국한된 현상인 만큼 해당 지자체 조례로 규정하면 되지, 굳이 전국을 대상으로 할 필요는 없다고 반박하면서 시간을 허비했다. 그 틈을 타서 강남구청 등 일선 지자체들은 새 법이 시행되기 전인 2003년 6월 말까지 개포지구 아파트를 비롯해 재건축을 추진 중이던 주요 아파트의 재건축을 허용했다. 그나마 건축년도에 따라 현행 지은 지 20년 이상에서 40년 이상으로 재건축 요건을 강화하는 내용으로 서울시 조례를 개정하면서, 서울시 의회가 기준년도를 3년이나 늦추는 바람에 재건축이 가능해진 아파트들이 2만여 가구나 늘어남으로써 재건축 아파트 값이 다시 들먹였다. 건설교통부 지적대로 재건축 과열이 서울과 수도권 일부 지역에만 국한된 현상인 것은 사실이다. 그러나 우리나라 부동산 투기의 진원지가 바로 서울 강남지역을 비롯한 수도권이라는 점을 감안하면, 이를 이유로 강화된 재건축 요건을 법에 규정할 필요가 없다고 고집한 건설교통부 주장은 설득력이 약하다고 본다. 더구나 선거를 의식해야 하는 일선 지자체는 지역 주민들의 집단이기주의에 약할 수밖에 없다는 점에서 지자체 조례로 재건축 요건을 강화하라는 것은 처음부터 가망이 없는 얘기다. 강남지역 재건축 아파트를 중심으로 집값 상승세가 다른 지역으로 번질 기세를 보이자 다급해진 정부가 재건축 아파트의 신축물량 중 60% 이상

아파트 재건축 요건 강화는 당연

| 한국경제신문 2002년 10월 1일 |

서울시가 재건축 요건을 대폭 강화하는 방안을 검토 중인 모양이다. 낡은 공동주택의 주거환경을 개선하고 입주민의 안전을 기한다는 원래 취지와는 달리 부동산 투기수단으로 전락해 각종 부작용을 양산하고 있는 요즘 상황을 감안하면 이같은 움직임은 너무나 당연하다.

때마침 건교부가 입법예고를 거쳐 '도시및주거환경정비법안'을 국회에 제출해 놓고 있는 만큼 논의 중인 개선방안을 반영하기엔 시기적으로도 안성맞춤이라고 본다. 거론되고 있는 방안 중 특히 재건축 대상인 노후·불량주택 범위를 '준공된 지 20년 이상 경과된 건물'에서 '40년 이상'으로 축소하는 방안과 현재 구청 소관인 안전진단 업무를 필요한 경우 시청으로 옮기는 대목에 관심이 쏠리고 있다. 우선 노후·불량주택 범위를 규정한 주택건설촉진법 시행령 제4조 2는 가능한 한 빨리 개정해야 마땅하다고 본다.

공동주택이 단독주택보다 훨씬 튼튼한 게 상식인데, 철근콘크리트 단독주택의 내구연한을 60년(벽돌건물은 40년)으로 보고 건물수명의 3분의 2가 지나야 주택재개발사업 추진을 허용하고 있는 서울시 도시계획운영위 규칙과 비교해 봐도 주택건설촉진법 규정은 납득하기 어렵다. 재건축 대상범위를 이렇게 느슨하게 규정하고 있으니 어떻게 보면 정부가 멀쩡한 아파트를 허물고 새로 짓는 엄청난 자원낭비를 조장하고 있는 셈이다.

물론 재건축 여부는 건축연한이 아닌 구조안전진단 결과에 따라 결정하는 게 원칙적으로 맞다. 문제는 그 동안의 재건축 안전진단이 매우 부실했다는 점에 있다. 국정감사 자료에 따르면 지난 1998년부터 올 8월까지 총 457건의 재건축 심사대상 중 무려 98.9%인 452건이 허용 판정을 받은 것만 봐도 안전진단이 얼마나 형식적인지 짐작할 수 있다. 더구나 올 3월부터 8월까지 서울 지역에서 재건축 판정을 받은 32건을 재진단해 본 결과 그 중 65.6%가 엉터리로 드러났다고 하니 조합과 안전진단 업체 간 뒷거래 의혹마저 제기되고 있는 것도 무리는 아니다. 일부 주장대로 재건축이 어려워질 경우 자칫 노후아파트 슬럼화 현상이나 신규주택 공급감소에 따른 집값 상승압력 등 부작용이 우려되는 건 사실이다. 그러나 이는 공동주택 리모델링 사업을 활성화하고 경부고속철 역세권의 주거지 개발 등으로 대처해야지 무분별한 재건축을 대책 없이 방치해선 곤란하다.

관계당국은 이해관계자의 반발이나 주택경기 부침에 흔들림 없이 재건축이 원래 취지에 맞는지 여부를 냉정하게 판단해야 할 것이다.

을 전용면적 25.7평 이하의 중소형 아파트로 짓도록 규정을 개정하고, 서울시도 재건축아파트 용적률을 제한해 간신히 투기를 진정시켰지만 언제 다시 투기가 재연될지 모를 일이다. 어떤 이들은 무조건 재건축 규제를 강화하면 대규모 택지공급이 절대적으로 부족한 수도권의 경우 신규주택 공급이 크게 줄어 조만간 집값 상승압력이 커지게 되며, 노후 아파트의 슬럼화 현상이 악화될 것을 우려한다. 실제로 그럴 가능성도 없지는 않다. 그러나 수도권 신규주택 공급부족은 신도시 건설이나 경부고속철 역세권 개발로 대처해야 하며 노후 아파트 문제는 아파트 리모델링으로 해결해야지, 무분별한 재건축을 방치하는 건 결코 올바른 정책방향이라고 생각할 수 없다.

분양가 규제는 곤란

분양방식이나 재건축 같은 공급제도 정비를 통한 주택수급 정상화가 미시대책의 한 축이라면, 또 다른 축으로 직접 분양가를 규제하는 방안을 꼽을 수 있다. 실제로 외환위기 전까지 아파트 분양가는 엄격히 통제됐었다. 정부는 IMF 사태 직후 분양가를 자율화했고, 소형 아파트 의무공급 비율 등 주택시장에 관한 다른 규제들도 대부분 없앴다. 하지만 선분양제 같이 업계에 유리한 시장관행은 그대로 유지됐다. 일부 중소 주택건설업체들의 경우 분양이 잘 안 되자 울며 겨자 먹기로 후분양을 시도했지만, 엄격히 말해 이것은 미분양으로 인한 어쩔 수 없는 자구노력일 뿐 본격적인 후분양제 시도라고 보긴 어렵다. 이런 주택시장 규제 철폐가 주택경기 회복을 통해 경기부양을 꾀하는 동시에 연쇄도산 위기에 몰린 주택건설업계도 살리기 위한 목적임은 두말 할 필요가 없다. 그러나 1999년 이후 경기가 빠른 속도로 회복되면서 분양가가 계속 올라 최근 일부 아파트의 분양가가 평당 2,000만 원을 넘자, 시민단체들을 중심으로 다시 분양가를 규제해야 한다고 주장하는 목소리가 커지고 있다. 실제로 서울지역 아파트 분양가는 2000년에 12%, 2001년 10%, 2002년 19%씩 각각 올랐으며 2003년에도 높은 상승률을 기록하고 있다. 서울뿐 아니라 수도권 택지개발지구의 아파트 분양가도 지난 2년 동안 평균 30~60%나 상승했다. 분양가가 많이 오른 것도 문제이지만 더욱 걱정되는 것은 분양가가 계속 올라야 할 뚜렷한 이유가 없다는 점이다. 외환위기 이후 몇 년 동안 일반물가 상승률이 한 자릿수에 머물렀는데, 유독 분양가만 해마다 수십 퍼센트씩 올라 평당 아파트 분양가가 웬만한 서민들의 1년 소득과 맞먹는 현상은 결코 용납될 수 없는 일이다. 특히 주택건설업체들이 분양가를 공사원가와 관계없이 주변 집값을 기준으로 책정하고, 이렇게 책정된 분양가가 다시 집값 상승을 부추기는 악순환이 벌어지고 있는 건 매우 우려되는 일이다. 주택건설업계는 택지비·자재비·인건비 등이 많이 올랐기 때문에 분양가를 올리지 않을 수 없다고 변명한다. 특히 택지비 상승과 고급 마감재 사용의 영향이 크다고 강조한다. 하지만 이런 주장들이 그 동안의 지속적인 분양가 상승을 정당화시킬 수 있을 정도로 설득력이 있는 건 결코 아니다.

그러나 분양가 상승이 걱정되는 건 사실이지만, 과거처럼 제도적으로 분양가를 규제하는 것은 바람직하지 않다고 생각한다. 전쟁 직후와 같이 수요와 공급이 극단적으로 불균형인 특수 상황을 제외하고는 역사상 가격통제가 성공한 예가 드물다. 그 이유는 가격통제가 비효율적이고 이에 따른 부작용이 매우 크기 때문이다. 시장가격을 규제할 경우 공식가격 외에 반드시 암시장 가격이 형성돼 사실상 이중가격제도가 시행된다. 이렇게 되면 가격규제를 받는 공식시장에서 가격규제를 받지 않는 암시장으로 불법적인 자원이동이 이뤄져 자원배분이 왜곡되고 경제효율이 떨어지게 된다. 이런 원리는 선진국과 후진국, 심지어 계획경제로서 모든 자원배분을 국가가 통제하던 사회주의 국가도 마찬가지다. 우리도 정부가 시장가격을 통제했던 금리·쌀값 등에서 같은 현상을 겪었으며, 주택의 경우는 상대적으로 싼 값으로 분양받을 수 있는 자격을 획득하기 위해 입주권인 딱지 또는 청약통장을 거래했다. 분양가 규제가 부실공사를 부채질해 품질저하를 유발한 건 물론이다. 따라서 분양가 규제를 전면적으로 부활시키는 것은 곤란하다. 대신 근거 없는 분양가 급상승에 제동을 걸기 위해 주택수급을 수요자에게 유리하도록 변경하는 한편, 가능한 한 정확한 분양정보를 투명한 절차에 따라 제공하는 노력을 기울여야 할 것이다. 예를 들면 분양방식을 후분양제로 바꿔 가수요를 억제하는 한편, 주택건설업체들이 건축허가를 받기 위해 행정당국에 제출해야 하는 정보를 대폭 확대하고 국세청은 탈세를 막기 위해 업체들의 원가내역을 엄격히 심사하면 원가를 터무니없이 부풀려 분양가를 올리는 행위도 줄어들 것이다. 또한 정부투자기관인 주택공사 등이 시범적으로 원가를 공개하면 전반적인 분양가 수준의 적정성을 판단하는 데 큰 도움이 될 것이다. 분양가 규제를 주장하는 시민단체들은 성이 차지 않겠지만, 이런 조치만으로도 무분별한 분양가 상승을 억제하는 데 상당한 효과를 거둘 수 있을 것으로 기대된다.

치솟기만 하는 아파트 분양가

| 한국경제신문 2003년 2월 27일 |

아파트 분양가가 하늘 높은 줄 모르고 치솟고 있어 큰 문제다. 올 들어 두 차례 실시된 서울지역 아파트 동시분양의 평당 분양가가 평균 1,184만 원으로 지난해의 867만 원에 비해 무려 36.6%나 올랐다니 말이다. 이 같은 상승률은 2000년 12%, 재작년 10%, 작년의 19%와 비교해도 매우 높은 수치다. 서울뿐 아니라 수도권 택지개발지구 내 분양가도 지난 2년 동안에 평균 30~60%나 상승했다. 분양가가 이렇게 오르면 부동산 투기 재발이 우려되는 건 물론이고, 물가불안 임금인상 등을 자극해 경제안정을 해칠 것은 불을 보듯 분명하다. 기록적인 저금리 기조가 지속되고 있는 상황이라 더욱 그렇다. 분양가가 지나치게 많이 오른 것도 문제지만, 뚜렷한 인상근거가 없어 더욱 걱정이다.

일부 소비자단체들은 주택업체들이 공사원가와 관계없이 분양가를 주변 집값보다 높게 정하는 바람에 주택가격 상승을 자극하고 있고, 오른 집값을 기준으로 분양가를 책정하는 악순환이 벌어지고 있다고 주장한다. 서둘러 대책을 마련해야지 그냥 두고 볼 일이 아니다.

우리가 분양가 규제 철폐를 지지한 것은 시장경쟁을 촉진하고 그 결과 아파트 품질향상과 가격인하를 기대했기 때문인데 실제로는 정반대니 여간 실망스럽지 않다.

주택업체들은 분양가 인상 근거로 토지공사의 택지조성비를 비롯해 인건비·자재비 등의 상승을 내세우고 있지만 별로 설득력이 없다고 본다.

지난 몇 년 동안 물가상승률이 한 자릿수에 머물러 있는 마당에 분양가가 해마다 수십 퍼센트씩 오르고, 평당 분양가가 웬만한 서민들의 1년 소득과 맞먹고 있는 것은 결코 용납될 수 없는 일이다. 그렇다고 지난해처럼 국세청·서울시 등을 동원해 행정규제를 하는 것은 임시방편일 뿐 근본대책은 못 된다. 대신 소비자 선택권을 극대화함으로써 시장자율적으로 가격인상 억제를 유도하는 제도개혁방안을 강구해야 옳다. 이를 위해 우선 후분양제를 서둘러 도입해야 마땅하다. 이 경우 품질대비 가격이 지나치게 비싼 아파트는 미분양될 위험이 높아 무분별한 분양가 인상이 자제될 것으로 예상된다. 또한 프로젝트 파이낸싱에 참여하는 금융기관도 합리적인 가격산정을 촉구할 것이다.

후분양제로 경쟁이 치열해지면 업체들 스스로가 금융비용을 포함해 자세한 분양가 산정내역을 공개하게 될 것이라는 점도 기대되는 대목이다. 이와는 별도로 인건비 등을 부풀려 세금을 탈루한 혐의가 있는 업체들에 대해선 국세청이 철저히 단속해야 함은 두말 할 필요가 없다.

주택금융 확대는 양날의 칼

마지막으로 거시대책과 미시대책 양쪽 모두에 직·간접적으로 관련된 중요한 정책수단이 남아 있는데, 그것은 바로 주택금융이다. 주택금융은 일반금융과 같이 금리·물가·환율·국제수지 같은 거시변수들과 밀접한 관계가 있다. 또한 주택수요는 물론이고 주택공급에도 큰 영향을 미치는 변수라는 점에서 미시대책의 주요 수단이기도 하다. 하지만 우리나라의 주택금융은 주택시장에 독자적으로 영향을 끼치기보다 오히려 주택시장의 동향에 좌우되는 측면이 강하다. 그 이유는 국내 주택금융 시스템이 선진화되지 못한 탓이다. 외환위기로 관치금융 체제가 무너진 뒤 주택금융도 과거와는 달라졌다. 기업대출이 위축되고 주택담보대출이 금융권에서 가장 인기 있는 자금운용 수단이 된 요즘은 더욱 그렇다. 그러나 전체 주택금융체계는 여전히 후진성을 벗지 못하고 있다. 주택매입자금의 대부분을 본인이 직접 마련하는 것도 그렇고, 은행대출을 받아도 3년 만기 단기대출 형태로 빌리는 것이 보통이다. 그러다 보니 집을 사려는 수요자들은 지나친 자금부담에 시달리게 되고, 금융회사들은 자금운용이 지나치게 단기에 치우쳐 여러 가지 경영위험에 직면하게 된다. 단기자금을 장기대출해 주는 바람에 생기는 유동성 위기(mismatch), 자금공급이 주택경기에 따라 급변해 거품을 증폭시키는 밴드왜건(bandwagon) 현상, 장기대출금리 변동에 따른 손실위험 등이 그것이다. 따라서 주택금융을 선진화시킬 경우 주택 실수요자들은 적은 부담으로 집을 손쉽게 살 수 있고 주택자금 대출금리를 조절해 경기과열을 막을 수 있다는 얘기다. 미국 등 선진국에서는 만기가 30년 이상인 주택담보대출이 일반화돼 있으며, 상당히 인기 있는 금융상품으로 거래되고 있다. 미국의 경우 모기지 채권 시장규모가 수천억 달러에 달해 미국 재무부 채권(treasury bond) 다음으로 큰 규모로 꼽힐 정도다. 주택저당 유동화채권이 잘 팔릴 경우 주택구입자는 매입가격의 20~30%

> 주택저당 유동화채권(mortagage backed securities : MBS)은 주택저당권을 담보로 하고 상환되는 원리금을 채권투자자가 갖는 채권(bond)이다.

정도만 자기 돈이 있으면 쉽게 집을 살 수 있어 좋고, 금융회사들은 유동화로 수수료를 챙기는 것 외에도 위에서 지적한 경영위험들을 모기지채권 투자자에게 떠넘길 수 있어 만족이다. 우리도 지난 1998년 자산담보부채권(ABS)법을 만들면서 주택저당채권(MBS)법도 함께 만들었고, 2000년에 모기지 상품을 전문적으로 취급하는 한국주택저당채권주식회사(KOMOCO)를 출범시킴으로써 모기지 제도를 도입했다. 하지만 저금리 기조가 지속되면서 은행들의 유동성 사정이 여유 있는 터라 유동화 수요는 거의 없는 형편이다. 정부는 2004년 초 주택금융공사를 출범시켜 모기지를 활성화하고 장기주택자금을 대규모로 공급한다는 야심적인 계획을 추진하고 있지만, 이런 상황에선 과연 얼마나 효과를 거둘 수 있을지 미지수다. 주택금융공사의 수권자본금이 2조 원이고 자본금의 50배까지 보증을 설 수 있으니 계산상으로는 장기주택자금을 최대 100조 원까지 공급할 수 있게 되지만, 모기지 수요가 얼마나 뒷받침될 것인지 의문이다. 은행들이 기존 주택자금대출 채권에 대한 유동화 필요성을 별로 느끼지 못하는데다, 장기대출 금리가 단기대출 금리에 비해 2~3%포인트 높은 9% 이상일 것으로 예상되기 때문에 장기주택자금 수요 역시 불확실하다고 본다. 게다가 무작정 주택금융을 확대할 경우 주택가수요를 자극해 집값 안정과 부동산 투기 억제에 역효과를 낼 가능성이 적지 않다는 점을 잊지 말아야 할 것이다.

한 마디로 주택금융은 너무 위축돼도 안 되지만 단기간에 지나치게 확대해도 부작용이 큰 '양날의 칼'인 셈이다. 따라서 주택금융 확대는 반드시 부동산 투기를 방지하기 위한 사전조치를 취한 뒤 시행해야 옳다. 여기에는 분양권전매 전면금지, 1가구 2주택 이상 보유자의 청약참가 제한, 주상복합건물에 대한 주택건설촉진법 적용, 후분양제 시행 등 주택시장을 실수요자 위주로 재편하는 조치들이 망라돼야 할 것이다. 시장자율론자들은 주택시장을 실수요자 위주로 재편하는 조치에 반대하고 시장자율에 맡겨야 한다고 주장할 것이다. 실수요자들은 주택을 구입할 여력이 부족하기 때문에 주택수요가 격감할 것이고, 이렇게 되면 주택경기 하강과 주택건설업체들의 도산 사태가 우려된다는 점을 강조한다. 주택시장 규제에 따른 비능률과 부작용도 빼놓지 않고 거론할 것이다. 그러나 설사 그런 문제가 있다고 해도 주택을 투기대상으로 삼아 거액의 불로소득을 챙기고 국가경제를 혼란에 빠뜨리는 행위는 결단코 허용해선 안 된다. 시장자율론은 일정 범위 내 가격등락을 통해 수요와 공급이 신속하게 조정되는 시장기능이 정상적으로 작동될 때에만 통용될 뿐 전지전능한 시스템은 결코 아니다. 특히 우리처럼 인구집중으로 인해 수도권에 이용 가능한 택지가 절대적으로 부족하고, 따라서 주택공급도 제한될 수밖에 없는 경우에도 주택시장 자율에 맡기자는 것은 결과적으로 기득권 또는 투기행위를 옹호하는 쪽으로 변질되기 쉽다. 실수요자들의 부족한 주택구매력은 주택금융공사의 장기주택자금 공급을 통해 상당 부분 확충할 수 있을 것이다. 주택시장 규제에 따른 비능률이나 다른 부작용도 부동산 투기의 폐해에 비하면 대단한 것이 아니며 보완이 가능하다. 결국 주택시장은 시장자율에만 맡길 것이 아니라, 여건과 시기를 따져 필요하다면 관계당국이 적극적으로 개

주택금융공사 설립 과욕은 금물

| 한국경제신문 2003년 6월 24일 |

내년 초 출범할 예정인 '주택금융공사'의 설립법안이 상당히 의욕적인 내용을 담고 있다고 한다. 당초 1조원으로 하기로 했던 수권자본금을 2조 원으로 늘리고 주택저당채권(MBS) 발행한도도 자본금의 30배에서 50배로 확대함으로써, 만기가 20년 이상인 장기 주택대출자금을 최대 100조 원까지 공급하겠다는 것이다. 이를 바탕으로 '주택구입 용도의 주택담보대출'로 한정돼 있는 현행 MBS 유동화 대상을, 주택을 담보로 한 3년 만기 가계자금대출에까지 확대할 경우 혹시 있을지 모르는 부동산거품이 꺼질 위험에 대비할 수 있게 된다.

게다가 연간 원리금 상환부담이 줄어 서민들의 내집 마련이 쉬워지고 장기채권시장 육성이 촉진되는 효과도 기대된다. 그러나 주택금융공사 설립에 거는 기대 못지않게 우려도 적지 않은 게 사실이다. 가장 큰 걱정거리는 과연 MBS 수요가 뒷받침될지 불확실하다는 점이다.

MBS 발행대상은 두 가지가 있을 수 있다. 하나는 이미 대출이 이뤄져 은행이 보유 중인 주택담보 대출채권이고, 다른 하나는 주택담보 신규대출이다. 이 중에서 주택담보 대출채권에 대한 은행의 유동화 수요는 그다지 많지 않을 것으로 예상된다. 현재 시중 유동성이 풍부한데다 은행들이 기업대출을 꺼리는 바람에 주택담보대출이 가장 안전하고 수익성이 좋은 자산운용 대상으로 꼽히고 있기 때문이다.

따라서 단기적으로 장기 대출금리와 금리 변동위험을 최소화한 신규 대출상품 개발에 MBS 수요가 좌우된다고 하겠다. 정반대로 장기주택자금 대출수요가 한꺼번에 몰려 주택시장이 과열될 위험도 없지 않다.

그렇지 않아도 수백조 원의 단기 부동자금이 대기 중인데, 100조 원에 달하는 MBS 발행재원을 배경으로 주택 실수요가 크게 증가할 경우 부동산 투기가 재발할 것은 너무도 분명하다. 따라서 정부당국은 장기 주택금융을 활성화시키기 위한 제도적 기반 구축과 동시에, 분양권전매 금지, 후분양제시행 등 주택시장을 실수요자 위주로 재편하는 조치도 적극 검토해야 마땅하다. 부동산 투기의 여진이 채 가시지 않은 상황이라 더욱 그렇다.

한 마디로 MBS 수요는 너무 적어도 탈이고 단기간에 지나치게 많아도 걱정인 '양날의 칼'인 셈이다. 따라서 정부가 의욕적으로 주택금융공사 설립을 추진하는 건 좋지만, 자칫 위인설관식 기구확장 또는 인위적인 시장조성이라는 오해를 받지 않도록 주택금융시장을 예의주시하며 단계적으로 MBS 발행을 확대하는 것이 바람직하다고 생각한다.

입할 필요가 있다고 믿는다.

투명한 부동산거래 시스템을

부동산 투기는 시세차익을 노리고 있는 만큼 관계당국은 투기를 진정시키기 위해 양도소득세 중과를 전매특허처럼 동원해 왔다. 그러나 양도소득세는 실거래가를 기준으로 부과되지 않는데다 상당수 부동산거래가 이중계약서를 작성하는 등 편법적으로 이뤄지고 있어 세금중과시책이 엄포에 그치고 있는 실정이다. 이를 막자면 부동산거래가 투명하게 이뤄지도록 제도적으로 유도해야 한다. 그 방법은 모든 부동산이 통합전산망을 통해서만 거래되게 함으로써, 증권거래소와 비슷한 일종의 부동산거래소 기능을 발휘하게 하는 것이다. 필자는 이 방안을 지난 1991년 7월 당시 주택은행에 제안했고, 10월경 임원회의에 출석해 당시 전영수 주택은행장을 비롯한 임원진을 설득해서 사업추진을 허가받았다. 당초 계획은 전국의 모든 부동산 중개업소 컴퓨터들을 PC 통신망(당시는 인터넷이 없었음)으로 연결해 통합 전산망을 형성하면, 단 한 곳의 부동산중개업소에 매물을 내놓아도 전국의 구입 희망자들에게 공개되는 효과를 누릴 수 있다고 봤다.

통합 전산망 형성은 당시 부동산 중개업소의 인허가를 관할하던 건설부가 전국의 모든 부동산 중개업소들이 의무적으로 가입하도록 지도한다. 부동산 구입자도 마찬가지로 원하는 아파트의 평형·위치·가격대를 전산망에 띄워 증권거래처럼 경매방식으로 거래를 성사시키는 것이다. 이렇게 되면 부동산 실거래가를 정확히 파악할 수 있으며 세금탈루도 불가능해진다. 다만 이 시스템을 실제로 운용하려면 부동산 매매자가 일정 기간 동안 부동산 중개업소 한 곳과만 거래하는 '전속계약제' 시행이 전제돼야 한다. 그렇지 않을 경우 부동산 중개업소가 좋은 매물정보를 빼돌리고 별볼일 없는 매물정보만 통합 전산망에 올려놓을 위험이 있으며, 부동산을 팔려는 사람들도 정확한 정보를 올리려 하지 않을 가능성이 높다. 물론 부동산은 증권과 달리 표준화가 돼 있지 않기 때문에 전산망에 올려진 위치·평형·가격 등 일반정보만으로 거래하기는 쉽지 않다. 그러나 부동산 매물의 다양한 화상정보들도 전산망에 함께 올리면, 전산망을 통해 최종 후보를 2~3곳으로 좁힌 뒤 직접 찾아가보고 주인과 접촉해 거래할 경우 적어도 탐색비용(search costs)은 크게 줄일 수 있다고 본다. 또한 부동산 매매 당사자들이 서로 짜고 매매가격을 낮춰 전산망에 올리는 것을 방지하기 위해 거래가격이 실거래가보다 상당히 차이가 난다고 생각되는 경우, 정부기관이 더 높은 가격으로 살 수 있도록 하는 안전장치가 있어야 할 것이다. 통합 전산망 유지·보수비 및 인건비 등은 거래수수료를 부과해 충당하면 된다.

부동산거래에서 투명하게 해야 할 곳이 또 하나 있다. 전세계약이 그것이다. 전세는 심한 주택난과 집값 상승, 그리고 주택금융의 미비로 인해 형성된 우리만의 독특한 제도인데, 보증금을 낮춰 계약하거나 전세계약 자체를 숨김으로써 임대소득에 대해 부과되는 엄청난 세금이 탈루되고 있다. 또한 전세보증금이 집값의 40~80%에 육박하고 있어 세입자들은 보증금 마련에 허리가 휠 지경이다. 최근에는 시중금리보다 훨씬 높은 이율을 적용해 월세를 받는 경우도 많아지고 있다. 따라서 세입자들의 경제적 부담을 덜어주고 전세계약을 투명하게 파악하기 위해 전세금 유동화제도 시행을 검토해 볼 만하다. 참고로 이 제안의 기본 골격은 지난 1994년경 당시 주택은행에 제안됐기 때문에 지금 상황에 맞지 않는 부분이 있을 수 있으나 큰 문제는 없다고 본다.

 전세자금 유동화제도 도입(안)

1. 필요성

① 최근 집값 폭등의 여파로 전세보증금도 크게 올라 목돈이 없는 무주택 서민들이 큰 고통을 겪고 있음. 더구나 이런 현상은 10년 안팎의 주기로 만성적으로 되풀이되고 있음. 반대로 외환위기 직후처럼 집값 또는 전세보증금이 크게 떨어지는 경우에는 전세보증금 반환이 잘 되지 않아 재산상의 피해를 보거나 제때 이사를 못 가는 등의 불편을 겪게 됨.

② 2000년 말 현재 전세시장 규모는 전체 주택금융의 64%에 달하는 113조 7,000억 원에 이르는 것으로 추정되고 있는데, 이는 제도권 금융기관들이 공급하고 있는 주택금융 총액의 2배가 넘는 규모임. 따라서 전세자금 유동화제도를 도입할 경우 사금융을 제도금융권으로 편입시켜 국내 금융시장을 정상화시키는 효과가 기대됨.

③ 전세자금은 대출금리 · 융자금액 · 상환기간 등 여러 가지 면에서 주택구입자금에 비해 크게 불리하다는 점(2002년 10월 7일자 〈중앙일보〉 E8면 참조)만 봐도 무주택 서민들이 금융혜택 면에서 상대적으로 얼마나 소외되고 있는지 쉽게 알 수 있음. 이런 현실에서 이 제도를 시행하면 전세가 사실상 월세로 전환되고, 그것도 상대적으로 훨씬 낮은 은행금리를 냄으로써 집 없는 세입자들에게 큰 도움이 됨.

④ 국민주택기금에서 전세자금을 대출해 주고 있고 주택신용보증기금이 전세자금 대출에 대해 보증을 서주는 등 일부 정책금융이 제공되고 있으나, 총금액이 절대적으로 부족한데다 적지 않은 대출금액이 상환 불능 상태여서 금융기관들도 전세자금대출 취급을 꺼리는 바람에 유명무실한 형편임.

2. 시행방안

① 최근 정부당국이 금융부실을 예방하기 위해 주택담보대출을 비롯한 가계대출을 줄이도록 지도함에 따라 대부분의 금융기관들은 풍부한 보유자금을 운용할 마땅한 대상을 찾지 못해 고민하고 있는 형편임. 그런데도 금융기관들이 전세자금대출 취급을 꺼리는 이유는, 전세 입주자들은 주택소유권자가 아니므로 근저당을 설정할 주택담보물건이 없고 이로 인해 전세자금 상환을 보장받을 수 없기 때문임. 따라서 이런 문제를 극복하고 전세자금 대출을 활성화하기 위해선 금융기관이 전세자금을 전세입주자가 아닌 집주인 통장에 바로 입금해 주는 한편, 전세 입주자는 이자만 상환하는 제도를 도입할 필요가 있다고 생각함. 즉 세입자가 집주인과 전세계약을 맺고 이를 금융기관에 제출하면, 금융기관이 이를 근거로 집주인과 금전대차계약을 체결하고 보증금을 집주인 통장에 입금시킴. 세입자는 금융기관에 마이너스 통장을 개설하고 매월 원리금을 입금해야 함. 필요하다면 전세자금 대출 때 금융기관은 주택신용보증기금으로부터 보증을 받으며 전세주택에 저당권 또는 질권을 설정하거나 전세등기를 할 수도 있음.

② 세입자가 원리금 상환을 제대로 하지 않는 경우 일정한 유예기간이 지나면 전세계약이 해지됨. 지급이자의 일부를 정부에서 보조받는 영

세민의 경우 이 통장으로 보조금이 바로 입금됨.

③ 전세금을 대출해 준 금융기관들은 이를 담보로 자산담보부채권(ABS)을 발행해 유동성 압박을 해소하는 동시에, 금리변동위험 역시 회피할 수 있음.

④ 현행 전세자금 대출에서 일반서민 대출(연리 7%)과 영세민 대출(연리 5%)의 구분을 없애고 시중 실세금리로 대출해 주되 전세금액은 필요한 금액을 전액 대출해 주도록 함. 즉 전세금 대출의 초점을 싼 금리가 아닌 자금가용성(funds availability)에 두는 것이 대부분의 서민들에게 실질적으로 더 도움이 됨. 다만, 영세민에 대해서는 금리에 대한 보조금을 국고에서 보조해 주는 것이 바람직함. 예를 들어 실세금리가 7%이고 3%포인트만큼의 금리비용을 국고에서 보조해 준다면 실질적으로 영세민들에 대한 전세자금 대출금리는 4%가 되는 셈임. 단, 금리보조는 정부 관계기관에서 전세자금 취급 금융기관으로 바로 지급해 영세민들이 유용하지 못하도록 해야 함.

3. 자금흐름도

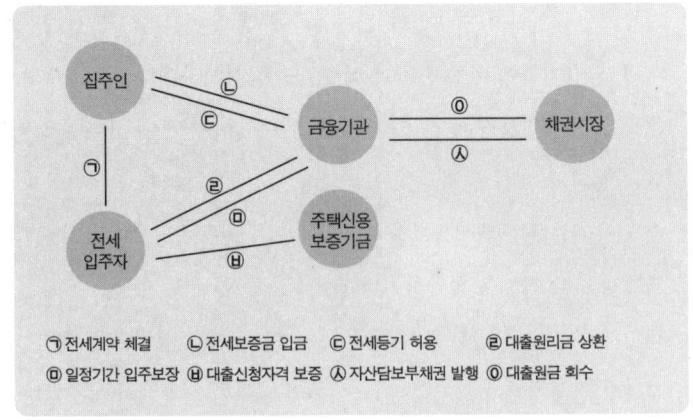

4. 문제점

① 전세주택에 대한 초과수요가 존재하는 상황에서 집주인들이 전세주택에 대한 저당권·질권의 설정 또는 전세등기 등과 같은 안전장치에 동의할 필요를 느끼지 못하므로 현실적으로 이를 강제하기 어려움.

② 전세자금 대출에 시중 실세금리를 적용하는 데 대해 반발하는 여론이 일어나기 쉬움.

③ 전세자금 대출이 활성화돼 전세 수요가 급증할 경우 자칫 전세보증금이 올라갈 수 있음.

5. 검토의견

① 전세자금 상환을 담보하기 위한 장치 마련은 이 제도의 성패를 좌우하는 가장 중요한 대목임. 현실적으로 전세주택에 대한 저당권·질권의 설정은 집주인들의 반발은 물론이고 설정비용도 들기 때문에 어렵다고 봄. 따라서 전세등기가 가장 유력한 대안이 될 수 있음. 최근 등기부 전산화가 완료된 만큼 이는 더욱 쉽게 할 수 있음. 또한 전세등기 대신 신문공고 등을 통해 일괄적으로 등기에 갈음하는 방안도 강구할 필요가 있음. 아니면 세입자가 확정일자를 받은 뒤 이를 금융기관에 제출하면 금융기관이 확정일자를 받은 전세계약서를 근거로 집주인과 금전대차계약을 체결하고 집주인 통장에 임차보증금을 입금시키는 방법도 가능함. 이렇게 하면 집주인들의 음성적인 임대소득을 양성화함으로써 세금탈루를 원천적으로 막을 수 있는 부수적인 효과도 기대됨.

② 실세금리를 적용하는 대신 전세자금 대출을 필요한 때 훨씬 쉽게 받을 수 있다는 장점을 강조해 우호적인 여론을 조성할 필요가 있음. 단, 생활보호 대상자나 소년·소녀가장 같은 영세민들에게는 앞서 말한 방

식으로 정부당국이 이자비용의 일부를 보조한다는 점을 강조하면 됨.
③ 전세자금 대출이 쉬워진다고 당장 전세수요가 급증할 가능성은 높지 않음. 만일 그럴 경우 주택보급률이 120%에 이를 때까지 주택건설을 꾸준히 늘리고, 특히 임대주택 건설을 촉진해 주택수급의 균형을 이룬 다음 임대료 또는 전세보증금 인상률을 적정 수준으로 제한하는 대책이 필요함. 결론적으로 전세자금 유동화제도는 몇 가지 제도적 문제점만 보완하면 매우 긍정적인 효과가 기대된다고 봄.

부동산 투기는 투기일 뿐

우리는 지금까지 부동산 투기 억제대책을 집중적으로 살펴봤다. 거듭 강조하지만 우리 경제가 다시 한번 도약하려면 부동산 투기는 어떻게 해서든 뿌리뽑아야 한다. 일부 학자들은 시장경제에선 투기도 엄연히 경제행위이며 투기현상이 심해진 데에는 그럴 만한 이유가 있는 만큼 부동산 투기를 무조건 나쁘게만 볼 필요는 없다고 주장한다. 그러나 학술 세미나라면 몰라도 국가정책을 논의할 경우 이는 탁상공론일 뿐이다. 부동산 투기의 가장 큰 해악은 근로의욕을 저하시킨다는 점이다. 땀흘리지 않고 투기로 엄청난 돈을 버는 걸 보면 누가 열심히 일할 마음이 나겠는가. 이렇게 되면 생산성 향상은커녕 오히려 하락을 걱정해야 할 판이다. 지난 1980년대 말 부동산값이 폭등하던 당시 노조의 파업이 빈발하는 바람에 일부 기업들의 제품에 불량품이 적지 않다는 뒷공론이 무성했던 게 사실이다. 게다가 집값과 땅값이 크게 오르면 임대료를 비롯해 다른 물가도 덩달아 올라 기업들의 국제경쟁력이 약화될 수밖에 없다. 또 전세보증금 상승으로 생활이 어려워진 노동자들이 임금인상을 요구해 이래저래 기업부담은 커지게 되며, 자칫 파업이라도 발생하면 정상조업마저 타격을 받는 최악의 사태를 맞게 된다.

또한 빈부격차가 커지고 과소비로 인해 계층 간 위화감이 심화되고 한탕주의가 만연하는 등 다른 부작용들도 만만치 않다. 실물경제에 대한 피해뿐 아니라 금융권이 지불하는 부담도 대단하다. 당장 수백조 원에 달하는 돈이 만기 6개월 미만의 단기자금으로 금융기관에 예치돼 대기 중이니 금융기관들은 장기 안정적인 자금운용이 불가능하다. 물론 이 중 상당 부분은 공공기관이나 기업들이 결제목적으로 계좌에 넣어둔 자금으로서 수백조 원 모두를 부동자금으로 보기는 어렵지만, 적어도 막대한 금액의 돈이 단기차익을 노리고 있는 건 부인할 수 없다.

어쨌든 이렇게 되면 장기자금을 필요로 하는 기업들의 설비투자나 연구개발 투자가 위축될 수밖에 없다. 또한 부동산값이 비정상적으로 오르는 등 자산가격 거품이 부풀어 올랐다가 갑자기 꺼질 경우, 부실채권 또는 부실자산이 급증해 금융기관 경영이 치명적인 타격을 받을 건 불을 보듯 분명하다. 부실해진 금융기관이 기업에 자금을 제대로 대주지 못해 신용경색이 심화되면, 경제는 동맥경화에 걸린 환자처럼 앓게 된다. 심지어 멀쩡한 기업들도 흑자도산하는 최악의 사태가 일어나지 말란 법도 없다. 1990년대 초 버블 붕괴 뒤 10년 넘게 장기불황에 시달리고 있는 일본경제가 바로 이 경우에 해당된다.

부동산 투기의 악영향이 우리 경제에 얼마나 광범위하게 미치는지 한 예를 들어보자. 국가경제가 발전하기 위해선 생산성 향상이 필수라는 건 상식에 속한다. 기술개발을 위한 연구개발 투자나 최신 생산설비를 들여오는 설비투자도 결국은 생산성 향상으로 나타나기 때문이다. 경

생산물을 투입한 생산요소(자본이나 노동)로 나누면 그것이 바로 생산성이다.

제학에선 한 나라 경제의 생산성을 투입·산출계수로 측정한다. 그런데 우리의 자본·산출계수를 경쟁국인 대만과 비교해 본 결과 우리측 계수가 낮게 나와 원인을 분석해 보니, 그 배경엔 부동산 투기의 악영향이 있었다고 한다. 연구소를 짓는 지출은 연구개발투자로 분류되는데, 한국 기업들은 실험장비나 시약에 신경 쓰기보다는 연구소 부지를 넓게 잡고 건물을 크게 짓는 데만 치중했다. 나중에 땅값이 많이 오르면 땅과 건물을 팔아 생기는 이득에 눈독을 들인 것이다. 이러니 좋은 연구성과를 거두기 어렵고, 그 결과 자본·산출계수가 낮아진 건 당연하다. 이 얘기는 투기의 악영향이 경제 구석구석에까지 미친다는 사실을 상징적으로 보여준다. 결론적으로 말해서 부동산 투기는 **빨리 뿌리뽑아야 할 망국병인 것이 분명하다.**

2

권력 마피아와 부정부패의 함수

새 정부에서도 고질적인 정경유착의 검은 그림자가 좀처럼 걷히지 않고 있다. 집권하자마자 대통령 측근이 1999년에 퇴출된 나라종금으로부터 거액의 로비자금을 받았다는 의혹이 불거졌고, 이어서 굿모닝시티 사기분양 사건에서 집권당 대표가 거액을 받았다는 사실이 확인돼 온 나라가 시끄러웠다. 게다가 대통령의 오랜 측근인 최도술 전 비서관이 2002년 말 대선 직후 SK그룹으로부터 거액을 받은 혐의가 드러나면서, 드디어 노무현 대통령이 국민들에게 재신임 여부를 묻겠다는 '폭탄선언'을 하는 상황에까지 이르렀다. 또한 야당인 한나라당 최돈웅 의원이 역시 SK그룹에서 2002년 대선 때 대선자금 명목으로 100억 원이나 되는 거액을 현금으로 받은 혐의로 검찰의 조사를 받은 사실이 드러나 검찰 수사가 여야의 대선자금 전체로 번지고 있다. 요즘 정치권과 공직사회는 그야말로 한치 앞을 내다볼 수 없어 '밤새 안녕(?)'을 확인해야 할 정도다.

정경유착이 새로운 얘기는 결코 아니다. 역대 정권은 언제나 권력형 부패 추방을 약속했지만 항상 공염불에 그쳤다. 쿠데타로 집권한 5공화국이나 그 연장인 6공화국 정부는 말할 것도 없고, 반독재 투쟁경력을 내세워 군사정권과의 차별성을 과시했던 이른바 '문민정부'나 '국민의 정부' 역시 예외가 아니었다. 오죽하면 IMF 사태 직후 외국언론들은 한국을 비롯한 아시아 지역의 정경유착을 경제위기의 근본원인으로 꼽으면서 '연고 자본주의(crony capitalism)'라고 비판했을까. 정경유착 같은 권력형 부정부패야말로 사회기강을 흔드는 거대한 '악의 뿌리'임에 틀림없다. 우리의 정경유착은 매우 뿌리 깊으며 사회 구석구석에까지 엄청난 악영향을 미치고 있다. 일반 시민들을 대상으로 한 설문조사에서 '줄'을 잘 잡으면 사업이나 승진에 압도적으로 유리하다는 응답이 많이 나오는 것만 봐도 권력의 부당한 비호가 널리 퍼져 있음을 알 수 있다. 물론 정부·정치권-금융기관-대기업으로 이어지는 정경유착의 강력한 고리는 IMF 사태 이후 전과 같지 않은 게 사실이다. 금융구조조정을 대대적으로 벌인 결과 과거 관치금융 시절처럼 정부나 정치권의 압력에 따른 특혜성 대출은 많이 사라졌다. 경영사정이 좋은 기업들은 은행대출을 받는 것 자체를 꺼리고, 오히려 은행들이 우량기업들에 대출을 해주지 못해서 안달이 날 지경이다. 기업의 정치자금 제공도 많이 줄었고 투명해졌다. 한때 대기업들이 정권의 눈치를 살피며 필요 이상으로 많은 투자를 하거나 직원을 채용하던 일은 찾아볼 수 없다. 그러나 정치권만은 개혁을 거부하고 어쩌다 돈을 받은 사실이 드러나도 대가성이 없었다는 변명으로 일관하고 있으니 딱한 일이다. 이제 정치개혁은 교육개혁과 함께 우리 경제의 경쟁력 향상을 위해서도 더이상 미룰 수 없는 시급한 국가적 과제가 됐다. 정치개혁이 이뤄져야 정경유착의 사슬을 끊을 수 있다.

시급한 정치자금 개혁

정경유착의 사슬을 끊자면 무엇보다 먼저 정치자금에 대한 대대적인 개혁이 시급하다는 데 이론이 없다. 현행 정치자금법 2조에는 "'정치자금'이라 함은 당비·후원금·기탁금·보조금·후원회의 모집금품과 정당의 당헌·당규 등에서 정한 부대수입, 기타 정치활동을 위하여 제공되는 금전이나 유가증권, 기타 물건을 말한다"고 규정하고 있다. 정치권은 선거를 비롯해 지구당 운영·경조사 등 이런저런 이유로 많은 돈이 필요한데, 이 돈을 은밀하게 대준 사람들은 그 대가로 갖은 청탁을 하게 마련이다. 대통령 선거에서 천문학적인 선거자금이 뿌려지던 과거에는, 정권을 잡은 측에서 돈을 대준 기업들에게 대형 국책사업을 발주하거나 특혜성 대출을 알선해 주는 등 크고 작은 이권들을 뒷거래했다는 의혹이 무성했다. 권력획득 과정을 통해서 조직적·제도적으로 정경유착이 자행됐던 셈이다. 각종 선거에서 대중동원 규모와 횟수가 크게 줄어든 대신 TV·인터넷 등 미디어 비중이 커지고 선거공영제가 확대돼, 정치자금 규모도 과거와 비교가 안 될 정도로 작아진 게 사실이다. 그러나 정치자금을 매개로 한 정경유착이 일어날 개연성은 얼마든지 있으며, 그 한 자락이 굿모닝시티 사건으로 드러났다고 봐야 옳다. 쿠데타 같은 비합법적인 정권탈취 가능성이 사라진 요즘 정치자금 투명성은 정권의 도덕성과 직결되는 문제인 만큼 철저히 개혁해야 마땅하다.

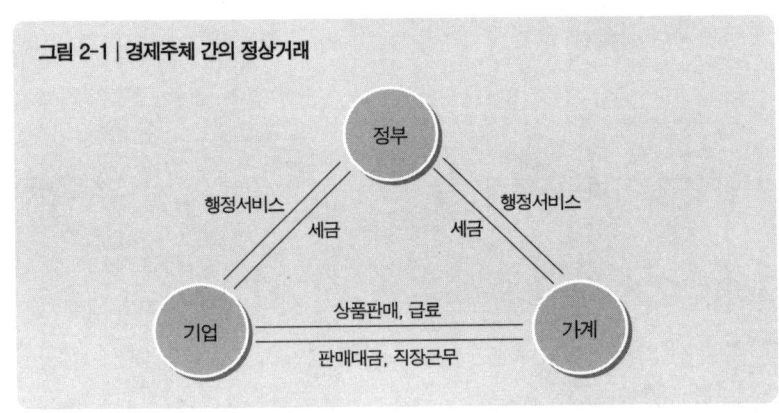

그림 2-1 | 경제주체 간의 정상거래

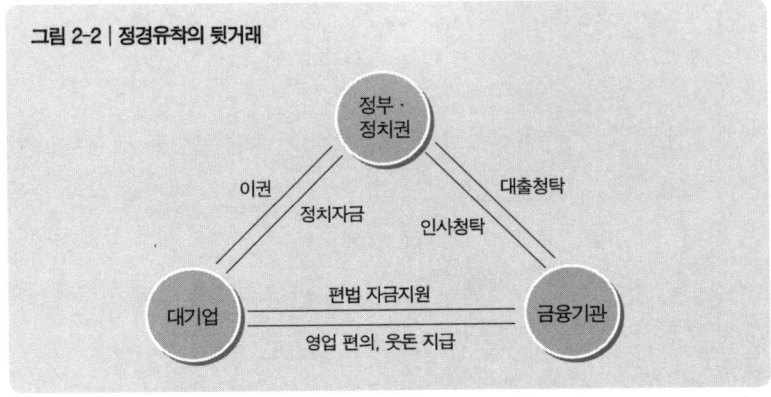

그림 2-2 | 정경유착의 뒷거래

　정치자금 개혁논의의 골자는 정당과 정치인들의 정치자금 수입내역을 투명하게 공개하는 것이다. 현행 정치자금법은 "후원회 정액영수증의 발행·사용 등에 관계하는 자는 법률에 의한 절차에 의하지 아니하고는 후원회에서 발행한 정액영수증의 일련번호를 공개하거나 이를 다른 국가기관에 고지해서는 안 된다(7조 8항)"고 규정하고 있고, 이를 어길 경우 2년 이하의 징역 또는 300만 원 이하의 벌금에 처하도록 돼 있다.
　이 조항은 음성적으로 정치자금을 주고받는 걸 법적으로 보장해 주는 것이나 마찬가지이니 하루빨리 개정해야 한다는 여론이 높다. 문제는 어떻게 투명성을 보장하느냐는 점이다. 민주당 정치개혁특별위원회가 마련한 개정안은 선거관리위원회에 신고된 계좌 하나로만 정치자금 출납이 이뤄지도록 의무화하는 한편, 정당이나 정치인이 50만 원을 넘는 정치자금을 지출하거나 후원자가 100만 원을 넘는 금액을 기부할 경우에는 반드시 수표나 신용카드를 사용하도록 했다. 아울러 후원금 내역을 의무적으로 신고하도록 했으며, 1회 기부금액이 100만 원이 넘거나 연간 500만 원 이상을 기부한 자의 인적 사항을 반드시 공개하도록 했다. 이 밖에 현재 중앙당의 경우 연간 300억 원(선거가 있는 해에는 600억 원), 개인의 경우 연간 3억 원(선거시 6억 원)인 후원금 모금총액 상한액을 폐지하도록 하고, 현역 국회의원과 지구당위원장으로 한정돼 있는 후원금 모금 주체도 모든 공직후보자와 당내 경선 후보자로 확대하도록 했다. 그리고 정당의 회계보고서에는 세금계산서와 카드전표 등 세법상 인정되는 영수증 첨부를 의무화하자는 내용도 담고 있다. 중앙선거관리위원회가 2003년 7월에 발표한 정치개혁안도 비슷한 내용을 담고 있다.

이에 대해 한나라당은 일정 금액 이상의 후원금은 수표로만 받고 선거관리위원회에 등록된 통장만을 쓰는 방안 등에는 긍정적이지만, 후원자 명단 공개에 대해선 현실적으로 야당의 정치자금 모금을 원천적으로 막을 수 있다며 부정적인 입장이다. 또한 모금총액 상한을 없애자는 제안에 대해서도 여·야 간 정치자금의 불균형 해소를 위해 정치자금의 소액 다수제를 정립하고 선거공영제 확대를 주장하며 이의를 제기하고 있는 실정이다. 그러나 정치자금 수입내역 공개는 개혁안의 가장 핵심적인 내용인데다 여당에 대한 정치자금 편중을 견제하는 측면도 있는 만큼 무조건 반대만 할 것은 아니라고 본다. 또한 기업들이 임직원 개인 이름으로 기부하는 편법을 막기 위해, 기부자 이름과 주소뿐 아니라 본인 직장과 배우자 직장도 같이 공개하는 것이 필요하다. 특히 정치자금 모금과 지출의 투명성 강화를 위해 선거관리위원회에 강력한 실사권한을 주는 것이 필수적이다.

> 중앙선거관리위원회의 정치개혁안 중 정치자금 부분(2003. 7. 20)
> - 1회 100만 원을 초과하는 정치자금 기부와 1회 50만 원을 초과하는 정치자금 지출은 수표나 신용카드, 지로용지, 우편환, 예금계좌입금 등 실명이 확인되는 방법으로만 하도록 함.
> - 정치자금의 지출내역뿐만 아니라 수입내역도 보고하도록 하고 1회 100만 원 초과 또는 연간 500만 원 이상 기부자의 인적 사항을 공개하도록 함.
> - 다만, 수입내역의 공개로 기업 또는 개인이 정치자금의 제공을 꺼려 정치자금 조달이 오히려 어려워지는 부작용이 예상되므로 선거관리위원회를 통해 기부하는 기탁금의 상한액을 폐지하는 한편, 중앙선거관리위원회 위원장이 정치권 및 경제계의 대표와 협의하여 정치자금의 기탁이 촉진될 수 있도록 하고 기탁된 정치자금은 중앙당에 50%, 소속 국회의원에게 25%, 구·시·군당에 25%씩 지급토록 함으로써 정치자금의 원활한 조달을 도모하고 수요처에 적정히 배분될 수 있도록 함.

행정만능주의 타파해야

정경유착은 정치권력뿐 아니라 행정권력도 함께 공모해야 가능한 게 일반적이다. 정치권은 국회에서 입법권과 국정감사권을 행사하기 때문에 행정 공무원들은 여·야를 막론하고 그들의 눈치를 보고 협조를 구하지 않을 수 없다. 게다가 집권여당은 대통령을 통해 행정부 내 고위 공무원들의 인사에도 영향을 미친다.

반대로 정치권력은 행정 공무원들의 도움이 절대적으로 필요한 것 또한 사실이다. 행정 공무원들이 일상적인 행정과 예산집행을 담당하고 있는데다 정치권은 이들에 비해 전문지식이 크게 부족해 더욱 그렇다. 우리의 권력구조는 대통령 중심제로서 대통령의 권한이 매우 강력하기 때문에 자연히 행정부가 비대해졌다. 여기에는 봉건왕조 시대부터 이어져온 중앙집권적인 정치문화에 덧붙여, 일제 식민통치와 해방 이후 수십 년 동안 독재정권이 이어진 탓도 적지 않다. 어쨌든 다양한 이해집단의 이해관계를 조정하고 통합하는 정치권 고유의 기능이 제대로 발휘되지 못한 까닭에 결과적으로 '행정만능주의'라는 독버섯이 뿌리내리게 된 것이다.

행정부는 담당분야에 따라 크게 정치·외교, 사회·환경, 교육·문화, 경제, 법무·치안 등으로 나뉜다. 경제부처는 재정경제부·산업자원부·건설교통부·정보통신부·통상교섭본부·공정거래위원회·금융감독위원회 등이 있으며, 노동부와 환경부는 사회 분야와 경제 분야 양쪽에 걸쳐 있다. 이들 경제부처는 각각 담당 분야의 기업들과 밀접한 협조관계를 맺을 수밖에 없다. 특히 지난 1960년대 이후 오랫동안 행정부가 경제성장을 주도했고, 관치금융·세무사찰 등을 통해 기업의 생사를 좌우하며 기업 위에 군림했던 폐해가 지금도 강하게 남아 있다. 경제부처 중에서도 전통적으로 주요 경제정책 수단인 조세·금융을 담당한 재무부·국세청 등의 권한이 특히 강했다. 1990년대 이후에는 재벌의 경제력 집중 문제가 부각되면서 공정거래위원회 역할도 매우 중요해졌다. 국세청은 재정경제부 산하 외청이긴 하지만 정부재정의 핵심업무인 세금징수를 맡고 있는데다, 과거엔 최고위층의 특명을 받아 기업에 대한 세무사찰을 집행하면서 막강한 권한을 휘둘렀다.

권한남용의 가능성은 행정부처의 위상과 비례한다. 2003년 봄 이남기 전 공정거래위원회 위원장과 이용근 전 금융감독위원회 위원장이 잇따라 뇌물수수 혐의로 구속된 것만 봐도 그렇다. 이들은 공정한 시장질서 유지, 금융회사의 경영건전성 및 투명성을 감독하는 이른바 '힘 센 부처'의 책임자로서, 기업들은 물론이고 국가경제 전반에 엄청난 영향력을 행사하는 중요한 임무를 망각하고 직무와 관련해 돈을 받고 부당한 압력을 행사했다는 사실은 정말 충격적이다. 더구나 IMF 사태로 국가부도 위기에 몰린 나머지 엄청난 금액의 공적자금을 투입하던 그 위급한 시기에 금융 구조조정을 총지휘하던 금융감독기관의 최고책임자가 어떻게 퇴출대상인 부실 금융회사로부터 거액을 받을 수가 있는가. 이남기 전 공정거래위원회 위원장의 경우도 재임 중에 누구보다 원칙을 강조하고 공평무사한 행정집행을 자부했지만 임기 말에 언론사에 부과된 거액의 벌과금을 임의로 취소해 물의를 일으켰고, 급기야 SK텔레콤에 부당한 압력을 행사한 혐의로 구속된 것은 실망스러운 일이 아닐 수 없다.

이런 불미스러운 사태의 책임은 물론 당사자들이 져야 마땅하다. 그러나 이런 일이 한두 번이 아니고 보면 근본원인은 개인이 아닌 잘못된 행정제도에 있다고 봐야 옳다. 막강한 권한을 가진 행정당국이 '귀에 걸면 귀걸이, 코에 걸면 코걸이' 식 모호한 규정을 앞세워 기업들을 일방적으로 규제하고 시장에 개입하는 한 비슷한 사태는 언제든지 재현

될 수 있는 게 우리 현실이다. 이를 근본적으로 방지하자면 대대적인 정부개혁을 단행해야 한다. 정부개혁은 DJ정부가 국정과제로 내건 기업 · 금융 · 노동 · 공공부문의 4

> **정부개혁은 행정부의 기능과 조직을 재편하고 의사결정방식과 예산집행의 투명성을 제고하며 규제와 공무원 수를 재조정하는 모든 개혁조치를 포괄한다.**

대 부문 개혁 중 공공부문 개혁에 포함되는 정부개혁은 행정부의 기능과 조직을 재편하고 의사결정방식과 예산집행의 투명성을 제고하며 규제와 공무원 수를 재조정하는 모든 개혁조치를 포괄한다. 그 동안에도 4대 부문 개혁 중 공공부문 개혁이 가장 부진하다는 여론의 지적이 많았다는 점을 감안하면 정부개혁은 더 이상 미룰 수 없는 시급한 과제다. 그러나 정부개혁을 행정부처의 통폐합이나 공무원 감원 정도로만 생각하는 건 잘못이다. 정부개혁에서 가장 중요한 과제는 민간부문에 맡기지 않고 꼭 정부가 맡아서 해야만 하는 일이 무엇인지를 결정하는 것이다. 정부를 포함한 공공부문은 공공성을 담보해야 하기 때문에 민간부문처럼 철저한 경쟁원리를 적용하기 어려운 경우가 많다. 그만큼 민간부문에 비해 효율이 떨어지기 쉽다. 따라서 과거에는 정부에서 맡아 하는 게 당연시됐던 일들도 가능한 한 민간부문에 맡기고 정부역할은 축소하는 네거티브 방식으로 정부개혁을 단행해야 할 것이다. 예를 들면, 선진국들은 교도소 운영을 민간기업에 위탁한다든지 경비회사에 치안유지 업무의 일부를 용역을 주는 등, 과거에는 상상하기 어려울 정도로 강력한 정부개혁을 시도하고 있다. 이런 시각에서 보면 우리의 정부개혁은 비교할 수 없을 정도로 부진한 게 분명하다.

현재의 정부기능 중 사회복지 · 환경보호 · 보건의료 등은 강화하고 경제 · 교육 등은 대대적으로 축소 · 재편할 필요가 있다. 예를 들면, 업무중복으로 잦은 마찰을 빚었던 산업자원부와 정보통신부, 그리고 과학기술처 일부 조직을 통폐합하는 방안을 검토해야 한다. 정보통신산업을 관계부처들이 앞다퉈 육성하겠다고 나서고 있지만, 국내 정보통신산업은 정부 주도로 성장할 단계는 이미 지났다고 본다. 앞으로 정부가 해야 할 일은 공정한 경쟁질서 유지와 소비자 보호, 차세대 첨단기술 개발지원 정도에 국한해야 옳다. 금융감독 업무에 금융감독위원회·금융감독원·재정경제부·한국은행 등이 복잡하게 얽혀 있는 것도 고쳐야 한다.

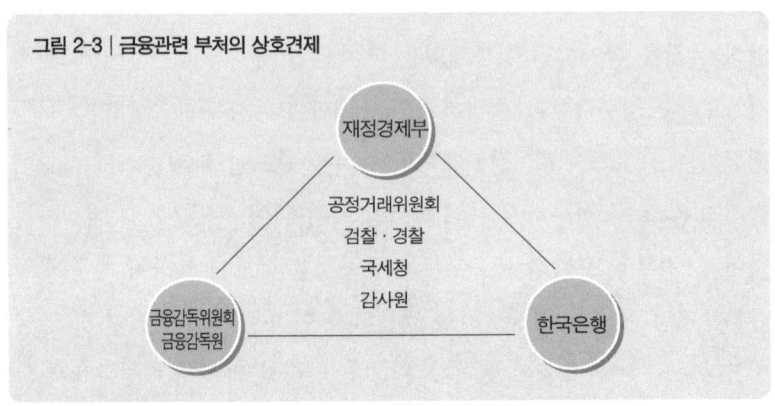

그림 2-3 | 금융관련 부처의 상호견제

금융기업의 경영건전성과 투명성은 금융감독위원회·금융감독원이 담당하고 있지만 금융관련 입법권은 재정경제부가 갖고 있다. 또한 재정경제부는 산하기관인 예금보험공사를 통해 공적자금이 투입된 부실 금융기관 감독에 개입할 수 있는 통로가 열려 있다. 한국은행은 은행감독원이 금융감독원으로 통합된 뒤에도 통화신용정책 업무와 관련해 금융기관들을 검사할 수 있고, 자료제출을 요구할 수 있다. 금융기업들 입장에서는 눈치를 봐야 할 시어머니들이 여간 많은 게 아닌 셈이다. 심지어는 공정거래위원회까지 은행 등 금융기관들의 거래약관에서 불공정요소들을 시정요구하는 방식으로 금융기업들에 영향력을 행사하려 든다고 울상이다. 이런 문제는 국무총리실 소속으로 금융감독위원회를 출범시킬 때부터 우려됐던 일이다. 이를 해결하자면 금융감독위원회의 위상을 어떻게 할 것이냐는 문제부터 결정해야 할 것이다. 금융감독원과 통합해 한국은행 같은 특수법인으로 변신할 것인지, 아니면 재정경제부 내 금융관련 부서를 흡수해 금융부로 독립할 것인지 말이다. 한국은행이나 공정거래위원회와의 갈등은 유관부처 업무조정을 통해 큰 무리 없이 해소할 수 있다고 믿는다. 재정경제부가 금융업무를 분리할 경우 재정경제부와 기획예산처를 합쳐 과거 경제기획원처럼 경제부처를 통괄하고 업무를 조정하는 방안을 생각해 볼 수 있다. 재정경제부 세제실도 기구축소를 검토해야 한다고 본다. 세제개편은 재산세·종합토지세 등의 지방세를 국세로 전환하고 담배세·부가가치세 등을 지방세로 바꿔 지방재정 균형을 꾀하는 등 중장기 과제를 중심으로 시행해야지, 세제를 찔끔찔끔 손대는 것은 납세자들만 혼란스럽게 할 우려가 있다.

　보건복지부는 업무 성격에 따라 복지부문은 노동부와 합치고, 보건부문은 환경부와 합치는 것이 바람직하다고 본다. 해양수산부도 해양·항만부문은 건설교통부로 보내 육·해·공의 물류기능을 종합조정하도록 하고, 수산부문은 농림부와 합치는 게 좋다고 생각한다. 통상교섭본부는 현행 체제를 유지하되 정무기능에 치우친 외교부 조직을 대폭 축소할 필요가 있다. 통상교섭본부를 미국의 무역위원회처럼 독립시키는 방안은, 미국과는 달리 대외통상 교섭에서 수세적인 우리 처지엔 잘 맞지 않는다고 본다. 그렇다고 산업자원부로 다시 합치는 것도 바람직하지 않기는 마찬가지다. 최근 통상협상에서 가장 이해관계가 날카롭게 대립하는 부문은 서비스업과 농수산업이라는 점을 감안하면

통상교섭본부가 제조업 위주로 편성된 산업자원부와 반드시 보완관계에 있다고 보기는 어렵다. 국세청은 세정 투명성을 높이기 위해 기능별 조직으로 개편하고 납세자 권리장전을 선포했지만 개혁 강도가 충분하다고 보긴 어렵다. 특히 개인 사생활 보호를 핑계로 납세정보 공개를 꺼리는 것은 당장 시정돼야 하며, 부실기업이나 신용불량자들에 대한 정보를 다른 부처나 금융기관들과 공유해야 옳다.

행정부처 통폐합과 기능조정을 바탕으로 행정규제를 대폭 축소해야 마땅하다. 경제부처는 기본적으로 거시경제를 안정적으로 유지하고 산업별로 공정한 시장경쟁을 감시하는 역할에만 충실하는 게 옳다. 유망산업을 육성한다는 명목 아래 함부로 시장개입을 일삼고 정부예산을 투입하거나 민간기업에 자금출연을 강요하는 것은, 시장질서를 교란하는 행위로서 자제해야 한다. 벤처기업 지원이 대표적인 실패사례로 꼽힌다. 중소기업 육성·지원책의 하나로 중소기업협동조합중앙회의 업종별 단위조합에 주는 단체 수의계약도 몇몇 기업들에 혜택이 집중돼, 대부분의 영세 중소기업들 입장에서는 또 다른 차별대우로 여겨질 뿐이다. 행정규제를 철폐하자면 먼저 이런 이익단체들을 대대적으로 정비하는 것이 올바른 순서다.

정부개혁의 또 다른 주요 과제로 정보공개 확대와 부처의 의사결정 방식을 투명하게 개선하는 일을 꼽을 수 있다. 지금도 정보공개법에 따라 행정정보를 공개하도록 돼 있지만, 예외규정이 지나치게 많고 공무원들이 소극적이어서 별로 효과를 보지 못하고 있는 실정이다. 한 가지 주의할 점은 의사결정을 투명하게 하는 것과 책임 회피를 혼돈해선 안 된다는 점이다. 행정부처들이 산하에 수많은 위원회들을 두고 있지만, 이들은 대부분 심의안건에 대해 심사숙고하는 데 필요한 충분한 시간과 정보를 얻지 못하고 공정한 의사결정을 한다는 모양새 갖추기에 들러리나 서고 있는 형편이다. 상당수 위원회가 불과 며칠 전에 안건을 위원들에게 넘기며, 심지어 일부 위원회는 1년 내내 회의 한번 열지 않는 경우도 적지 않다.

끝으로 행정부처에 상당수의 외부인사 수혈이 자주 있어야 한다. 모든 일은 사람이 하는 것인데, 오랜 기간 동안 조직이기주의에 파묻혀 살아온 직업 공무원들은 자발적인 개혁에 소극적일 수밖에 없다. 이에 대한 대책으로 공무원 채용경로의 다양화 방안을 마련해야 한다. 전문지식을 갖춘 다양한 전문가들을 공무원으로 특채하고 실적에 따라 대우하는 것이다. 지금도 개방형 직위는 외부인사에게 문호를 개방하고 있지만, 계약직이라서 신분보장이 안 되는데다 실권도 없고 자칫 공무원 조직에서 고립되기 쉽다는 점을 우려해 경쟁이 그다지 치열하지 않은 편이다. 이런 문제점을 해결하자면 특채하는 외부인사 수를 일정 규모 이상으로 늘려, 이들이 고립되는 것을 막고 공무원 조직의 분위기를 일신해야 할 것이다. 일반적인 행정조직과는 별도로 현안해결 중심으로 태스크 포스들을 한시적으로 조직해 운영하는 시도 역시 필요하다. 그러나 공무원들을 기업체에 일정 기간 파견 보내는 것은 바람직하지 않다고 본다. 민간기업의 효율적인 업무처리 방식을 배우고 다시 정부에 복귀한다는 취지이지만, 그럴 바에는 공무원 직위를 사퇴하고 기업체에서 일하다가 필요하면 다시 공무원으로 채용하는 것이 더 떳떳하다.

정치적으로 중립인 직업 공무원들이 중심이 돼 정권교체와 관계없이 정부개혁을 지속적으로 추진해 나가야 한다는 주장은 언뜻 그럴 듯하게 들리지만, 개혁결과에 대한 책임소재가 불분명하다는 대목이 결정적인 걸림돌이다. 차라리 집권여당이 중심이 돼 정부개혁을 추진하

행정만능이 부패 부른다

| 한국경제신문 2003년 5월 9일 |

이남기 전 공정거래위원장에 이어 이용근 전 금융감독위원장이 또 뇌물수수 혐의로 구속됐다고 한다. 누구보다도 엄정한 법 집행에 앞장서야 할 이들이 직무와 관련해 돈을 받았거나 부당한 압력을 행사했다니, 땅에 떨어진 정부당국의 신뢰성을 앞으로 어떻게 회복해야 할지 답답하기만 하다. 이들이 공정한 시장질서 유지 또는 금융기업의 투명경영을 감독하는 이른바 '힘센' 부처의 책임자로서, 일선 기업들은 물론이고 국가경제 전반에 막강한 영향력을 행사했다는 점을 감안하면 더욱 그러하다.

돈을 받았다는 것도 잘못이지만 정황을 되새겨 보면 혐의내용은 자못 충격적이다. 국가부도 위기에 몰린 나머지 천문학적인 금액의 공적자금을 투입해야만 했던 그 시절, 다른 사람도 아닌 금융감독기관의 최고위층이 퇴출대상인 부실 금융기업으로부터 거액을 받고서 무슨 염치로 대가성이 없었다고 변명할 수 있을까.

이남기 전 공정위원장의 경우도 사정은 마찬가지다. SK텔레콤의 기습적인 KT지분 인수에 정부가 어떻게 대응할지 통신업계가 온통 신경을 곤두세우고 있었는데, 칼자루를 쥔 현직 공정위원장의 청탁을 당시에 조사를 받고 있던 SK텔레콤이 어떻게 거절할 수 있었겠는가.

그러나 모든 책임을 전적으로 이들에게만 돌리는 건 결코 바람직하지 않다. 따지고 보면 우리의 국가부패지수가 경제협력개발기구(OECD) 회원국 중 꼴찌를 기록할 정도로 부정부패가 만연된 근본원인은, 정부가 일방적으로 기업을 규제하고 정책을 강요하는 왜곡된 현실 탓도 크다고 봐야 옳다.

치열한 경쟁에 내몰린 기업들 입장에선 비현실적인 시장규제와 엄청나게 높은 세율을 어떻게든 피해가고 싶은 건 부인할 수 없는 사실이다. 이런 상황에서 엄격한 도덕성을 갖추지 못한 고위 공직자들이 부당한 압력을 행사할 경우 기업들이 자의반 타의반으로 이에 응하리라는 건 불을 보듯 분명하다. 사직당국은 재발방지를 위해 수뢰혐의를 받고 있는 당사자들을 철저히 조사하고 엄중하게 처벌함으로써 일벌백계해 마땅하다.

그러나 이에 못지않게 관(官)의 자의적인 시장개입을 사실상 제한 없이 용인하고 있는 '귀에 걸면 귀걸이, 코에 걸면 코걸이'식인 모호한 제도들을 시정하는 것이 시급하다.

지나친 행정규제가 부정부패의 온상이라는 점을 직시할 필요가 있다. 이런 구조적인 문제점이 개선되지 않는다면 부패청산은 요원한 일이 될지 모른다.

고, 그 결과에 대해 책임을 지는 것이 책임정치 실현이라는 차원에서 보다 합리적이라고 본다. 비유하자면 공무원 조직은 조선시대 육방아전들과 같다. 공무원은 정치적으로 결정된 사항을 행정적으로 집행하면 그만이다. 정치적으로 결정된 사항이 올바른 것이냐는 점은 얼마든지 논란이 있을 수 있지만, 그것은 여론수렴 등 정치 시스템의 문제지 행정부가 간여할 일이 아니다. 수령방백들이 무능하고 부패하면 육방아전들의 발호를 막을 수 없다. 신관 사또가 아무리 자주 바뀌어도 이들은 변함 없이 자리를 지키고 있으며, 토호세력과 야합해 제멋대로 행정을 펴기 쉽다. 조선 말엽 전주감영의 이방은 조선팔도에서 손꼽히는 부자였다고 하니 그 폐해를 짐작할 만하다. 행정개혁의 최종적인 주체는 국민들인 만큼, 대의정치기구인 정당이 행정개혁을 추진하고 언론과 시민단체가 감시하는 것이 바람직하다.

지하경제를 햇빛 속으로

우리 경제의 상당부분이 지하경제라고 한다. 우리나라 사람들이 그렇게 지하실을 좋아하는가 의아해할 분도 있겠지만, 여기에서 지하경제란 불법적으로 이뤄지는 모든 비공식적인 경제활동을 일컫는다. 이 같이 포괄적인 정의에 따르면 정경유착은 물론이고 무자료거래 · 마약 · 뇌물 · 윤락행위 · 조세포탈 · 절도 등이 모두 지하경제에 포함된다. 지하경제는 어느 나라에나 있기 마련이지만 세수저하, 부정부패 확산, 경제정책 오류 가능성, 과세 불공평, 사회갈등 심화 등 부작용이 한두 가지가 아니기 때문에 당연히 최소화해야 한다. 비근한 예로 DJ정부 시절 국민연금·의료보험 등을 통합할 때 자영업자의 정확한 소득파악이 어려운 탓으로 인해 계층 간 형평성 논쟁이 뜨거웠던 기억이 생생하다. 그렇다면 먼저 지하경제를 정확히 파악한 뒤 이를 축소하려는 정책적·제도적 노력이 뒤따라야 마땅하다.[1]

지금까지 우리나라의 지하경제 규모에 대한 연구는 여러 차례 있었지만 연구대상·연구방식·대상기간 등에 따라 상당한 차이를 보이고 있다. 우리나라의 지하경제에 대한 기존의 다른 연구결과들을 보면 〈표 2-1〉과 같다. 이 문제에 관한 최근의 논의로 2002년 말 산업자원부가 주최한 '전자상거래 활성화를 위한 세제개편방안' 심포지엄에서 현진권 조세연구원 연구위원이 '한국의 지하경제' 라는 제목의 주제 발표를 통해 "지금까지 국내 연구를 종합하면 우리나라 지하경제 규모는 국내총생산(GDP)의 20% 안팎으로 추정된다"고 밝혔다.

2002년 우리나라 GDP가 545조 원이었으니까 지하경제는 110조 원에 이른다는 얘기다. 그러나 경제협력개발기구(OECD)는 지난 2000년 발표자료에서 1990~93년 기준으로 한국의 지하경제가 GDP의 38~50%에 이른다고 추정했으며, 세계은행(IBRD)은 38% 정도라고 평가했다. 이는 GDP의 10% 안팎인 선진국에 비해 2~5배에 이르는 규모로서 상당히 큰 편이다.

지하경제를 축소하자면 공평과세·자금세탁방지·정경유착근절 등이 시급하다. 정경유착 문제는 앞서 얘기한 만큼, 여기에선 공평과세와 자금세탁 방지에 대해서만 논의해 보자. 공평과세의 핵심은 세금감면을 가능한 한 축소해 세원 포착을 높이고 과표를 현실화하며, 대신 세율은 낮추는 것으로 요약된다. 원칙적으로 세금감면은 경제적·사회적

---

[1] 지하경제에 대한 다양한 정의와 추정방법, 그리고 문제점 등은 문춘걸·김영귀(2002) 참조.

표 2-1 | 한국의 지하경제 규모 추정치

연구자	추정 규모(GNP 대비)	대상기간	추정방법
한국경제연구원(1986)	20~30%	-	Tanzi 추정법
최광(1987)	12~57%	1961~85	Tanzi 추정법
제일경제연구원(1989)	5~47%	1961~88	Tanzi 추정법
박영수 · 정상회(1991)	4~48.6%	1962~90	Tanzi 추정법
노기성(1992)	13~39%	1986~89	소득 · 지출추정법
신한종합연구소(1993)	20%	1993	종합적 추론
현대경제사회연구원(1993)	7~11%	1970~92	Tanzi 추정법
유일호(1995)	10%	1987~88	Pissardes Weber 모형
정영헌(1996)	8.7~8.9%	1993~96	Tanzi 추정법
Yoo · Hyun (1998)	20.31%	1996	소득 · 지출추정법
노기성 · 김동준(2002)	14~19%	1980~95	부가가치탈루 추정법
문춘걸 · 김영귀(2002)	11.8~12.4%	1996	소득 · 지출추정법

자료 : 문춘걸 · 김영귀(2002).

약자인 저소득층, 구조조정이 필요한 사양산업 또는 특정 지역에 국한하는 것이 좋다. 그러나 우리 현실은 세금감면 폭이 지나치게 넓고 감면기준이 명확하지 않으며, 기득권화해서 감면기간을 계속 연장하는 경향이 강한 문제점을 안고 있다.

농민 예탁금에 대한 세금감면의 경우 실제 농민 예탁금은 전체의 20% 미만에 불과하다. 또한 신협 · 새마을금고 등 이른바 서민금융기관 예금에 대한 비과세 혜택도 계속 연장되고 있어 악용될 여지가 크다. 여러 차례 지적됐지만 부가가치세 특례과세의 문제점도 별로 개선되지 않고 있다. 연간 매출액이 4,000만 원 이상 1억 원 미만인 경우에

인정과세란 납세자가 영세하거나 다른 이유로 인해 과세자료를 갖추기 어렵다고 인정될 때 세정당국이 산출한 업종별 추정 매출액에 일정 세율을 적용해 세금을 부과하는 과세방식을 말한다.

는 일종의 인정과세인 간이과세제도를 시행한다.

연간 매출액이 4,000만 원 미만인 영세 사업자에게는 소액 부징수제도를 시행해 부가세를 면제해 준다. 이런 제도를 악용해 합법적으로 부가세를 탈루하는 자영업자들이 상당수에 달해, 세금 탈루액만 연간 수십조 원에 이를 것으로 추정되고 있으니 보통 심각한 일이 아니다. 양도세나 재산세는 과표 현실화가 안 돼 있는 것이 문제다. 원칙적으로는 시가를 기준으로 과세해야 하지만 시가파악이 어렵고 갑자기 세금이 늘면 조세저항이 커진다는 이유로 미루고만 있으니 딱한 일이다.

지하경제는 특성상 관계당국의 추적을 피하기 위해 자금세탁을 꾀하게 마련이다. 자금세탁방지 관련법은 2개의 법률로 이뤄져 있다. 의심나는 거래를 신고하도록 한 '특정금융거래보고법'과 돈 세탁을 하면 처벌하는 '범죄수익규제법'이 그것이다. 특히 전세계적으로 9·11 사태 이후 테러 예방을 위해 자금세탁을 막기 위한 국제공조가 지속적으로 강화하고 있는 만큼, 이번 기회에 우리도 지하경제를 대폭 축소하는 것이 바람직하다. 정부는 이 같은 노력의 하나로 혐의거래 보고제도를 도입했고 금융정보분석기구(FIU)를 설립했다.

최근엔 금융기관을 이용해 자금세탁을 하지 못하도록 금융기관이 고객에 적절한 주의를 기울이는 고객주의 의무제도(Customer Due Diligence : CDD) 도입이 추진되고 있다. 은행계좌가 처음 개설될 때 은행창구 직원은 고객의 신원, 직장, 계좌 실소유주 등을 확인하게 된다. 금융회사 일선 창구의 적극적인 협조가 가장 중요한데, 현실적으로는 이를 강제하기가 쉽지 않다. 치열한 경쟁을 벌이면서 매일같이 불법·편법거래의 유혹을 받고 있는 마당에, 수많은 금융거래에 대해 혐의 여부를 일일이 체크하고 더구나 고객의 신원, 직장, 계좌 실소유주까지 확인하려고 하겠는가. 우선 자금세탁 행위를 방조한 금융회사에 대한 처벌 수위를 크게 높임으로써 경영진 스스로 조직 내부의 상호견제와 균형을 이루도록 유도해야 한다.

> 특정금융거래보고법 제4조에서는 자금세탁(money laundering) 행위란 불법재산의 취득·처분 사실을 가장하거나 그 재산을 은닉하는 행위 및 외국환거래 등을 이용하여 탈세 목적으로 재산의 취득·처분 사실을 가장하거나 그 재산을 은닉하는 행위로 규정하고 있다.

가능한 한 신용카드·수표·계좌이체·인터넷 뱅킹 등의 비중을 높이고 현금거래를 축소해야 한다. 그래야 범죄혐의가 짙은 금융거래를 보다 쉽게 적발해 낼 수 있다.

또 한 가지 해야 할 일은 지난 1997년과 2000~01년 자금세탁방지 관련법 제정을 추진할 때마다 문제가 됐고 격렬한 논쟁을 불러일으킨 끝에 좌절됐던, '불법 정치자금 수수를 위한 자금세탁 행위'를 처벌한다는 조항을 추가하는 것이다.

불법 정치자금이 정치개혁의 핵심으로 부각된 지금이야말로 해묵은 과제를 해결할 수 있는 좋은 기회다. 아울러 금융정보원(FIU)이 의심스러운 계좌내역을 추적할 수 있는 계좌추적권을 가져야 할 필요가 있다고 본다. 원래 법안에는 포함돼 있었다가 국회 심의과정에서 정치권의 강한 반발로 삭제됐는데, 효과적인 활동을 수행하기 위해서는 계좌추적권 부여를 재검토해야 할 것이다.

사례 해외의 부정부패 방지기구

1) 홍콩 염정공서(ICAC)

- 지난 1974년 '부패방지독립위원회'(부방위) 발족.
- 부방위 설립법은 조사·예방·교육의 세 가지 측면에서 부패척결을 요구하고 있으며, 이를 위해 부방위 산하에 운영국·부패예방국·홍보국 등의 주요 부서를 두고 1,300여 명의 직원들이 일하고 있음.
- 홍콩에서는 부패사건에 대해 염정공서가 수사는 물론이고 실질적인 기소까지 담당하고 있음. 홍콩 행정장관의 직할조직으로 다른 어느 누구에게서도 지시나 통제를 받지 않음.
- 마약거래·여권위조·불법이민·신용카드사기·뇌물수수 등의 범죄에 대해 최고 징역 10년 또는 벌금 100만 달러의 중형에 처하고 있음.
- 염정공서령, 뇌물방지령, 선거부정 및 불법행위 방지령을 흔히 '반부패 3륜법'이라고 부름. 염정공서령은 부패혐의자에 대한 조사권, 조사를 위한 문서열람권, 금융계좌추적권 등을 규정하고 있으며 부패혐의자에 대해 영장 없이 체포 및 48시간 동안 구금 가능한 권한을 주고 있음. 뇌물방지령은 직무수행에 있어서 '이익'을 바라고 하는 모든 행위는 부정으로 규정하고 있는데, 공직자뿐 아니라 민간인의 부패행위에 대한 단속의 근거가 되고 있음. 현직은 물론 전직 공무원들은 봉급수준을 넘는 생활에 대해 타당한 설명을 하지 못할 경우 유죄로 인정됨. 선거부정 및 불법행위 방지령은 모든 공직선거에서 후보들이 1,000달러(홍콩 달러) 이상의 돈이나 물건 또는 서비스를 받을 경우 반드시 기부자의 이름과 주소를 선거관리위원회에 보고해야 하며, 선거부정 행

위자는 20만~50만 홍콩달러의 벌금 또는 3~7년 이하의 징역형을 받는다고 규정하고 있음.
- 부패혐의자를 지난 1987~2000년까지 무려 14년 동안 추적해 재판에 회부한 이른바 '캐리언 사건'은 《기네스북》에 세계 최장기 수사로 기록되고 있으며, 2001년의 경우 기소사건의 79%가 유죄판결을 받았음.
- 산하에 '홍콩윤리개발 센터'를 두고 있으며, 홍콩 주민들의 절대적인 신뢰와 지지를 받고 있음.
- 직원들은 일반기업 급여에 비해 두 배 가까운 보수와 복리후생을 받는 대신 엄격한 도덕수준을 요구받음.

2) 싱가포르 부패행위 조사국(CPIB)

- 1952년 설립된 뒤 1960년 부정부패방지법 개정, 1989년 부당이득환수법 제정, 1999년 부정부패 마약거래 및 기타 중죄에 대한 법률 제정. 부패행위에 대해 최고 7년 이하의 징역 또는 1만 달러 이하의 벌금을 부과함.
- 공직자는 물론 민간인의 부패행위도 조사하며, 혐의자는 영장 없이 체포할 수 있는 특별수사권을 갖고, 필요하면 압수·수색할 수 있는 권한 및 계좌추적권을 가짐.
- 공무원이나 정치인이 뇌물을 받았을 경우 5년 이하의 징역과 10만 싱가포르 달러 이하의 벌금을 부과하고 불법취득자산은 전액 환수함. 100% 환수 못 하면 가중 처벌함.
- 모든 공직자는 매년 본인과 직계가족 소유재산을 신고하고 채무부존재 선언을 해야 하며, 재산형성 경위를 제대로 설명하지 못할 경우 전액 국고로 환수함.

- 공무원은 민간기업 주식취득을 금지하며, 선물은 소속부처 회계부서가 부과하는 적정 가격을 지불해야 함.
- 익명으로 부패신고가 가능하며 고발인이 원하지 않을 경우 증언대에 세우지 않으며 허위신고를 제외하고 처벌받지 않음.
- 조사국은 총리직속 조직이며 조사국장은 국가원수가 직접 임명함.

3) 부패추방의 모범 북유럽 국가들
- 덴마크는 1997~99년까지 3년 동안 세계에서 가장 깨끗한 나라로 뽑힘. 공무원 봉급이 민간기업 직장인과 비슷하며 부패범죄에 대해서는 가중처벌함. 세율이 평균 46%로 매우 높아 일반 시민들의 감시활동이 활발함.
- 스웨덴은 지난 1809년 세계에서 처음으로 의회 옴부즈맨(민원처리 담당관) 제도를 도입한 나라로서, 옴부즈맨은 부패 공무원의 징계와 해고는 물론이고 기소도 함. 정부기관뿐 아니라 대부분의 민간기업도 자체적인 반부패 가이드라인을 갖고 있으며, 뇌물수수 행위에 대해서는 형법에서 강력한 처벌규정이 있음.
- 핀란드의 경우는 의회감사원(PSA)과 국가감사원(SAO) 등 감사기관과 옴부즈맨제 등을 통해 정부행정 및 국가예산에 대해 철저히 감사함.

제3부

파업 회오리의
정치경제학

1

줄이은 파업이 나라 망친다

파업 회오리가 온 나라를 뒤흔들고 있다. 하루가 멀다 하고 노사분규가 일어나는 바람에 산업현장이 마비돼 생산차질이 빚어지고 납기를 못 맞춰 해외 거래업체로부터 불신을 받는가 하면, 가뜩이나 위축된 소비심리를 더욱 얼어붙게 만드는 등 파업으로 인한 경제적 손실이 엄청나다. 뿐만 아니라 노사갈등은 사회불안과 국론분열을 촉발시켜 우리 경제를 뿌리째 뒤흔들고 있다. 2003년 들어 일어난 굵직굵직한 노사분규만 해도 두산중공업, 5월과 8월 두 차례에 걸친 화물연대 파업, 조흥은행 매각을 둘러싼 갈등, 민영화에 반대한 철도노조 파업, 주5일제 시행조건을 둘러싼 현대차 노조파업 등 일일이 손꼽을 수 없을 정도로 많다. 아마도 2003년은 노사분규 발생 건수나 규모에서 지난 1987년 6·29 선언을 전후한 시기에 버금갈 것으로 생각된다. 심지어 도산해서 외국기업에 팔린 지 얼마 안 된 대우차마저 노조가 자동차업종 평균수준에 맞춘 임금인상을 요구하며 파업을 결의했으니 기가 막힐 노릇이다. 이러니 노사문제가 외자유치에 가장 큰 걸림돌로 꼽히는가 하면, 강성노조가 국가경제를 망치는 주범이라는 비난이 봇물을 이루는 것도 무리는 아니다.

법보다 주먹이 가깝다?

이렇듯 줄이은 파업사태에서 가장 우려되는 대목은 노동조합이 본래의 설립목적인 임금인상 및 근로조건 개선과 관계없이 각종 정치적·사회적 이슈를 내걸고 파업을 하고 있다는 점이다. 당장 민주노총이 국민연금제도 개악을 반대한다는 이유로 총파업에 돌입하기 위한 찬반투표를 벌일 예정이다.

 국민연금에 문제가 있다는 건 누구나 아는 일이고, 이제 와서 재정파탄을 막기 위해 불가피하다며 연금지급액을 줄이고 지급연령을 낮추겠다니 화가 나는 것도 사실이다. 그러나 파업을 한다고 문제가 해결되지 않는다는 점은 두말 할 필요도 없다. 민노총은 정부가 책임지고 해결하라고 압박하고 있지만, 돈이 한두푼 들어가는 일도 아니고 정부재정으로 문제를 해결하려다 보면 자칫 사태가 돌이킬 수 없는 지경에 이를 가능성도 없지 않다. 일부에서는 정부가 현재 군인연금이나 공무원연금에 대해 재정지원을 하고 있는 만큼, 형평 차원에서 국민연금에도 재정지원을 못 할 이유가 없다고 주장한다. 하지만 군인연금과 공무원연금의 수급체계에 문제가 있는데도 이를 바로잡지 않고 정부재정으로 새는 구멍을 막고 있는 것은 옳지 않다. 하물며 국민연금에까지 같은 잘못을 되풀이하라고 강요하는 건 안 될 말이다. 이대로 가면 연금재정이 파탄날 것이 분명한 만큼 연금개혁은 불가피하며, 이를 이유로 파업을 한다는 건 결코 있어서는 안 될 일이다. 조흥은행 매각 반대, 철도민영화 거부, 현대차 노조의 경영참여 요구 등도 파업 이유가 안 되기는 마찬가지다.

우선 조흥은행 파업부터 살펴보자. 정부가 2002년 하반기에 조흥은행 매각을 본격화하자, 노조는 독자생존을 요구하며 파업위협을 되풀이했다. 그러나 조흥은행 매각 이유가 공적자금 회수건 민영화건 간에 대주주인 정부가 조흥은행 보유지분을 매각하겠다는데, 노조가 매각을 반대하거나 일괄 매각하지 말고 분할 매각하라고 요구할 권한은 없다. 멀쩡한 은행을 부실은행으로 만들어놓고 막대한 재산손실을 입은 주주들에게 무슨 낯으로 매각을 반대한다는 것인가. 분할 매각할 경우 경영권 프리미엄이 사라져 약 1조 원 이상의 매각손실이 발생하는데도 억지를 부리는 까닭은 뻔하다. 새로운 대주주가 은행을 인수한 뒤 구조조정을 하는 걸 원천적으로 막자는 지독한 집단이기주의 탓이다. 조흥은행 노조는 월급을 동결하고 몇 년 동안 구조조정을 견디며 정부방침에 순응했는데, 이제 와서 매각한다니 배신감을 느낀다고 항의한다. 그러나 경영부실로 당장 문을 닫았을 경우를 상상해 보라. 공적자금 투입 덕분에 그 동안 월급을 받고 일자리를 유지하는 큰 혜택을 누렸다고 왜 감사하지 못하는가. 외환위기 이후 많은 회사들이 쓰러지는 바람에 수많은 직장인들이 직장을 잃었고, 심지어 퇴직금조차 받지 못한 채 생계의 위협을 당한 경우도 적지 않았다. 이와는 대조적으로 천문학적인 공적자금을 투입한 덕분에 은행원들은 지금까지 직장을 유지했고, 간혹 조기 퇴직하는 경우에도 명예퇴직금을 두둑히 챙겨 일반 국민들 간에 위화감이 극에 달했다. 그것도 모자라서 이번에는 독자생존을 보장하라며 파업을 벌인 것이다. 노조측은 은행부실 책임이 관치금융을 자행한 정부에 있으며 자신들은 열심히 일한 죄밖에 없다고 강변한다. 그러나 관치금융이 주범이라고 해도 그에 협조하고 이에 편승해 극심한 도덕적 해이를 저지른 은행원들도 종범으로 처벌받아야 마땅하다. 생각해 보라. 자기돈 아니라고 이중담보, 삼중담보를 잡아가며 마구 대출을 해준 걸 은행원들이 몰랐다고 발뺌하지는 못할 것이다. 경영진이 정부 눈치를 살폈다면 노조라도 나서서 여론에 호소했어야 하는데 전혀 그렇지 않았다. 낙하산 인사가 은행장으로 오면 자행출신 은행장을 원한다는 어처구니없는 요구를 내세워 농성을 하는 척하며 뒷거래로 이권을 따내고 언제 그랬냐는 듯이 시치미를 뗀 것이 사실이다. 필자는 지난 1998년 6월 말 금융 구조조정의 일환으로 6개 은행들이 영업정지된 직후 금융노련이 연 세미나에서 이 같은 견해를 분명히 밝혔다. 당시 밤늦게까지 몇몇 격론을 벌였지만 금융노련 관계자들도 필자의 논리를 제대로 반박하지 못했다.

　필자가 강력히 비판했던 고리타분한 집단이기주의는 조흥은행 파업 때도 되풀이됐다. 겉으로는 독자생존 운운 했지만 실은 고용보장·임금인상 등의 '잿밥' 챙기기에만 급급했다. 조흥은행 노조는 협상을 통해 인수된 뒤 3년 안에 조흥은행을 인수한 신한 금융지주회사와 같은 수준(약 30% 임금인상)으로의 임금인상을 약속받았으며 고용도 보장받았다. 부실은행으로 인수당하면서 칙사대접을 요구해 받아낸 웃지 못할 일이 벌어진 것이다. 불과 6개월 전 하나은행에 합병되면서 파업하지 않고 순순히 합병에 응하는 바람에 '대가'를 받아내기는커녕, 합병계약 체결 직후 3,840명의 직원 중 479명을 감축해야 했던 서울은행 직원들이 "우리만 바보 된 느낌"이라고 할 정도다.

또 한 가지 조흥은행 파업사태에서 짚고 넘어가야 할 것은 과거 은행파업 때마다 툭하면 '전가의 보도'처럼 써먹은 전산망마비 위협이 이번에도 되풀이됐다는 점이다. 조흥은행 전산망이 마비되면 이와 연계된 다른 은행들 전산망까지 함께 마비돼 전국 금융 시스템이 한꺼번에 정지되는 초유의 사태가 벌어질 수도 있다는 얘기다. 실제로 이 때문에 정부가 신한지주측에 서둘러 타협하도록 압력을 넣었다는 소문까지 있었다. 그러나 이는 국가 기간전산망을 인질로 삼은 악랄한 협박행위로서, 정부당국은 엄청난 국기문란 행위에 단호히 대처하지 못한 것에 책임져야 마땅하다. 게다가 언제든 비슷한 사태가 벌어질 수 있는 개연성을 감안하면 지금이라도 서둘러 대책을 강구해야 할 것이다.

사례 조흥은행 파업사태 일지

- 2002. 8. 21   전윤철 부총리, 조흥은행 주식 매각 발표.
- 2002. 9. 말   조흥은행 매각 주간사로 모건 스탠리와 삼성증권 선정.
- 2002. 10. 7   정부, 조흥은행 입찰 요청서 4개 실사기관에 발송.
- 2002. 10. 말   신한금융지주회사, 서버러스, 신세이은행 등 조흥은행 실사 시작.
- 2002. 11. 20   조흥은행 소액주주 71명 매각반대 소송 제기.
- 2002. 12. 9   조흥은행 노동조합 총파업 결의.
- 2002. 12. 11   공적자금관리위원회 매각소위 1차회의, 신한지주 서버러스 투자제안서 설명.
- 2002. 12. 17   공적자금관리위원회 매각소위 2차회의, 신한지주 서

	버러스 투자제안서 검토 및 신한지주 투자제안서 설명.
• 2002. 12. 23	공적자금관리위원회 매각소위 3차회의, 신한지주 서버러스 투자제안서 설명.
• 2002. 12. 26	공적자금관리위원회 매각소위 4차회의, 신한지주 우선협상 대상자 선정.
• 2003. 1. 14	노무현 대통령 당선자, 조흥은행 매각 문제로 이용득 금융노조 위원장과 허흥진 조흥은행 노조위원장을 면담. 제3자에게 조흥은행 매각가격을 실사시킨 뒤 매각 여부를 최종 결정한다는 새 해법을 제시.
• 2003. 1. 16	공적자금관리위원회, '제3자에 의한 재실사'를 매각조건에 추가.
• 2003. 5	조흥은행 노조, 지난 2000년 7월 시중은행 총파업 당시 정부가 조흥은행의 독자생존을 약속한 '이면합의' 문건 공개.
• 2003. 5. 25	조흥은행 노조, 노무현 대통령에게 재면담 요구.
• 2003. 5. 27	조흥은행 노조, 29일로 예정된 파업 연기 발표.
• 2003. 6. 4	한국노총, 주5일 근무제 쟁취, 경제특구법 폐기, 조흥은행 일괄매각 저지를 위해 6월 30일 총파업투쟁 결의.
• 2003. 6. 16	김진표 부총리, 조흥은행 예정대로 매각 방침 천명.
• 2003. 6. 16	조흥은행 노조, 직원 7,224명 청와대에 사표 제출 시도.
• 2003. 6. 18	조흥은행 노조, 전면파업 돌입.
• 2003. 6. 18	고건 국무총리, 국정현안 정책조정회의를 열고 조흥은행 노조 파업은 불법행위라고 규정하고 엄정대처 방침을 재확인.

- 2003. 6. 19   한국은행, 2조 원의 유동성을 환매조건부채권 매입 방식으로 긴급지원.
- 2003. 6. 19   금융감독원, 조흥은행 노조원들에게 업무복귀 명령.
- 2003. 6. 20   정부는 21일 자정까지 노사정 타협이 안 되면 공권력 투입하겠다고 조흥은행 노조와 신한지주금융에 각각 통보.
- 2003. 6. 22   조흥은행 파업사태 해소 위한 대타협 타결.

집단이기주의가 기승을 부린 건 철도파업의 경우도 똑같다. 문제의 불씨는 철도민영화다. 오는 2020년까지 누적적자가 수십조 원에 달할 것으로 예상되는 등 경영부실을 해결하려면 어떤 형태로든 민간부문의 경영효율성을 도입하는 것 외에는 달리 방도가 없다. 게다가 서비스 질마저 나빠 국민들의 불만대상이 돼온 철도업무를 이대로 방치할 수 없다는 점에는 이미 오래 전에 공감대가 형성됐다. 따라서 정부가 철도노조의 반대를 무릅쓰고 철도민영화 방침을 정하고 관련법안을 국회에 제출하자 철도파업을 일으킨 것이다. 철도노조측은 겉으로는 철도사업이 민영화될 경우 공공성이 훼손된다는 명분을 내세웠지만, 실은 구조조정에 따른 고용불안과 공무원신분 상실로 인한 공무원연금 승계 차질 등 이해타산이 깔려 있었다. 엄격히 말하면 정부의 민영화 의지는 철도파업이 일어나기 훨씬 전부터 상당히 흔들렸다. 정부가 철도노조의 파업 위협에 밀려 철도청 직원의 100% 고용승계와 정년보장 등 근로조건 불이익 방지를 명시했으며, 공무원 연금 혜택도 그대로 누릴 수 있도록 한 것이 바로 그 증거다. 한 마디로 말해 공무원 신분만 바뀔 뿐 기득권은 고스란히 인정해 주겠다고 약속한 셈이다. 그러니 철도사업의 경쟁력 강화가 물 건너갔다는 비난이 빗발친 건 너무나 당연하다. 그런데도 철도노조는 고속철도 부채를 전액 정부가 인수하라며 압박하고 사전협의 불충분 운운 하며 파업까지 감행한 것이다. 다행히 정부가 더 이상은 밀리지 않고 강력히 대응한 덕분에 철도노조가 파업을 서둘러 철회했지만, 공기업 경영개선을 위한 민영화를 추진하는 데 있어서 썩 좋지 않은 선례를 남긴 건 부인할 수 없다. 노조는 본래의 직분인 임금 및 근로조건 교섭을 성실하게 하는 한편, 몸담고 있는 삶의 터전인 회사의 생산성 향상과 경쟁력 강화에 발벗고 나서야 마땅하다. 그렇지 않고 우리 사회의 온갖 정치·경제·사회적 이슈를 들고 나와 파업을 일삼는다면 아르헨티나처럼 '노조망국론'이 나오지 않을까 걱정된다.

사례 철도노조 파업사태 일지

- 2002. 11. 26   철도노조, 중앙노동위원회에 쟁의조정 신청 중노위, 쟁의 조정대상 아니라고 기각 결정.
- 2002. 12. 16   철도노사 단체교섭 진행.
- 2003. 2. 19   철도노조, 쟁의행위에 대한 조합원 찬반투표 실시.
- 2003. 4. 2   철도노조 중앙쟁의대책위원회, 4월 20일 파업계획 발표.
- 2003. 4. 7   파업홍보 스티커 부착 등 분야별 부분 단체행동 시작.
- 2003. 4. 14   정부, 불법파업 규정하고 강경 대응방침 발표.
- 2003. 4. 18   정부 노동관계 장관회의 열고 대 국민 담화문 발표, 철도노조 철야농성 돌입.
- 2003. 4. 19   제12차 본 교섭.

- 2003. 4. 20   철도노사 합의, 파업철회.
- 2003. 5. 20   철도노사 합의안, 조합원 찬반투표 결과 88%가 투표에 참여해 83.1%의 찬성으로 가결.
- 2003. 6. 2   건설교통부, 철도구조개혁법 수정안에 대한 공청회 개최.
- 2003. 6. 16   철도노조, 철도산업구조개혁 관련법안들의 국회 본회의 상정이 예상되는 6월 28일 총파업 돌입 결의.
- 2003. 6. 23   최종찬 건설교통부 장관, 철도노조 불법파업에 엄정 대처방침 발표.
- 2003. 6. 28   철도노조, 파업 돌입.
- 2003. 6. 28   철도청, 업무복귀 명령 발동.
- 2003. 6. 28   정부, 철도노조 농성장에 경찰 투입해 해산시킴.
- 2003. 6. 30   철도청, 30일 0시 현재 업무에 복귀하지 않은 조합원 8,231명 전원을 상대로 한 대규모 징계절차에 착수.
- 2003. 6. 30   국회 본회의에서 철도산업구조개혁 관련된 '철도산업발전기본법' 및 '한국철도시설공단법'이 통과됨.
- 2003. 7. 1   철도노조, 조합원 찬반투표로 파업철회.
- 2003. 7. 1   철도청, 파업참가 노조원 630명 직위해제.
- 2003. 7. 18   철도청, 파업주도한 노조간부 40명 중 18명 파면, 7명 해임, 15명 정직시킴.

만인의 만인에 대한 투쟁

너도 나도 내 몫을 챙기겠다고 집단행동에 나서는 바람에 사회질서가 극도의 혼란상을 보이고 있다. 심지어는 현행법상 파업이 금지된 공무원들까지 공공연히 파업을 하는가 하면, 노동자가 아니라 엄연히 사업자 신분인 화물차주들이 화물연대를 결성하고 2003년 5월과 8월 두 차례나 파업을 벌였으니 말이다. '만인의 만인에 대한 투쟁'이라고 할 정도로 극도의 혼란된 모습이다. 이런 식이라면 앞으로 실업자들도 노조를 만들어 일자리를 내놓으라고 요구하며 집단행동을 할 것이고, 조직폭력배들조차 노조를 만들 것이라는 우스갯소리가 유행할 지경이다.

현 정부는 노조명칭 사용을 허용하고 이미 단체행동권을 제외한 단결권과 단체교섭권을 허용하며 단체교섭권 중 단체협약 체결권은 예산 법령 등과 관련된 부분을 제외하고 제한적으로 부여한다는 내용의 '공무원노동조합법설립및운영등에관한법률'을 지난 6월 22일 입법예고했다. 시행 시기도 당초 법 제정 3년 뒤인 2006년 1월에서 대폭 앞당겨 법 공포 6개월 안에 시행키로 하는 한편, 공무원 노동 관계를 조정·중재하기 위하여 중앙노동위원회에 공무원 노동관계조정위원회를 설립하기로 했다. 그 동안 입법을 추진 중이던 기존 행정자치부 안(案)에 비하면 공무원 노조측의 주장을 대폭 수용한 것이다. 그런데도 지난 3월 23일로 출범 1주년을 맞은 전국 공무원노조는 노동법에 근거한 완전한 노동 3권 쟁취를 내걸고 파업을 시도하다가 조합원 찬반투표에서 부결됐으니 어처구니없는 일이다. 민주사회를 위한 변호사모임은 정부의 공무원노조 법안이 공무원의 노동기본권이나 기본적 인권을 제대로 보장하지 못하고 있는데다 국제수준과 비교해도 크게 미흡하다며, "공무원 쟁의권을 인정하는 대신 대 국민 행정 서비스와 국가안전·공공질서유지 등에 중대한 장애가 발생하지 않도록 합리적인 규율방식을 찾아야 한다"고 권고했다.

그러나 굳이 남북분단 상태인 안보상황이나 정부우위의 문화를 거론하지 않더라도, 공무원의 기본권을 민간인들과 똑같이 인정해야 한다면 공무원 신분보장도 없애야 형평에 맞다는 주장이 적지 않다. 요즘처럼 취업난이 극심하고 언제 직장에서 해고당할지 모르는 상황에서 범죄나 중대한 과실을 저지르지 않는 한 신분이 보장되는 공무원 자리는 얼마 전 7급 공무원 시험의 경쟁률이 수백 대 일을 기록할 정도로 인기가 높다. 이 밖에도 공무원연금이 일반국민들을 대상으로 하는 국민연금에 비해 크게 유리한 점 등 공무원들이 누리는 혜택이 한두 가지가 아니며 막강한 권한까지 행사하고 있는 터에, 처우개선을 위해 집단행동까지 불사하겠다는 것은 이루 말할 수 없이 욕심 사나운 모습이라고 비난하지 않을 수 없다. 그것도 정부가 노조명칭 사용, 단결권과 단체교섭권 등을 모두 허용하겠다고 전향적인 입장을 보였는데도 불구하고, 여차하면 파업을 할 수 있는 쟁의권까지도 달라며 파업을 시도한 것은 염치없는 짓이다.

2003년 5월과 8월 두 차례에 걸쳐 파업을 벌여 전국적인 물류대란을 일으킨 화물연대 사태는 일반국민들 간에 격렬한 찬반논쟁을 불러일으켰다. 우선 화물연대 조합원들의 신분부터가 시비거리다. 노동자도 아닌 화물차주들이 무슨 자격으로 노조를 만들어 집단행동을 벌이느냐는 비난에 대해, 화물연대측은 지입제 탓으로 자신들도 형식적으로는 노동자라고 강변한다. 화물차주들이 노동자가 아니라면 화물연대는 노조가 아니라 카르텔이며, 집단적인 수송거부 사태는 파업이 아니라 가격담합 행위일 뿐이다. 카르텔이나 가격담합 행위는 법에 따라 엄중히 처벌받아야 하는 범법행위다. 현행 노동법은 트레일러 운전사, 보험모집인, 골프장 캐디 등이 근로자와 자영업자의 중간영역에 있다고 해석하

지입제란 실제로는 자기 차이지만 회사소유 화물차인 것처럼 등록을 하고 운송수입의 일정 부분을 회사에 내는 제도를 말한다.

고 있다. 화물차주들의 조합원 신분은 결국 사법부의 판단에 맡겨야겠지만, 화물연대 파업사태를 근본적으로 해결하기 위해서도 무엇이 이들의 집단행동을 촉발했고 사태를 이렇듯 악화시켰는지 여러 모로 따져봐야 할 것이다.

　화물연대가 출현하고 온 나라를 뒤흔드는 사태로 악화된 배경은 크게 두 가지로 요약된다. 하나는 화물차들의 공급과잉으로 인해 운임이 지난 4~5년 동안 거의 오르지 않는 바람에 극심한 생활고에 시달리고 있다는 점이다. 다른 하나는 지입제라는 지극히 낙후된 제도로 인해 화물차주들이 재산권을 제대로 행사하지 못하는데다, 운송시장에서 화주들의 담합 때문에 중간 마진을 뜯기는 등 부당한 처우를 받고 있다는 사실이다. 화물차 운행에 필요한 기름값·보험료·수리비 등 모든 비용은 지입 차주가 부담하고 회사는 간판만 빌려주는데, 운송수입의 상당 부분을 회사 몫으로 내야 하니 지입제가 화물차주에 절대 불리한 것은 두말 할 필요도 없다. 그런데도 화물운송법은 적어도 5대 이상의 화물차를 소유한 업체만 화물운송업체로 인정하기 때문에, 영세한 화물차주들은 울며 겨자 먹기로 지입제에 의지할 수밖에 없는 실정이다. 그렇다면 화물연대의 불법성을 탓하기 앞서 정부당국에 직무유기 책임을 묻지 않을 수 없다. 도대체 지입제가 언제 때 제도인데 지금까지 그대로 방치했단 말인가. 운수업체를 통괄하고 있는 건설교통부는 말할 것도 없고, 공정한 시장경쟁질서 확립을 본연의 업무로 하는 공정거래위원회도 통신·금융 등으로 업무영역을 넓히기보다는 하도급비리 단속이나 지입제 개혁부터 먼저 서둘렀어야 옳다. 운송시장의 불공정 행위도 극심하다. 대형 운수업체에서 오랫동안 일하다 나와 운송알선 업체를 만들고 인간관계를 이용해 화물운송을 알선하며 높은 중간 마진을 챙기는 일이 비일비재하다. 대형 운수업체 입장에서는 알선업체를 이용한다고 해서 수입이 줄어드는 것도 아니고 화물차주 관리를 떠맡아 주는 등 장점이 많아 이들을 굳이 마다할 이유가 없다. 그러나 전체 화물운송업계 입장에서 보면, 이 같은 일종의 다단계 판매로 인해 물류비용이 높아지고 운송 서비스 질이 떨어지는 등 많은 문제를 일으키고 있는 게 사실이다.

물론 화물차주들의 생활이 어려워진 게 전적으로 불합리한 제도와 시장결함 때문만은 아니다. 외환위기 이후 직장을 잃은 사람들이 화물차 운송수입이 괜찮다는 얘기를 듣고 할부로 화물차를 구입해 이 시장에 뛰어드는 바람에, 화물차 수가 몇 년 사이에 거의 두 배 가까이 늘어난 탓도 크다. 게다가 규제완화로 인해 과거와는 달리 화물차 소유를 허가받을 필요도 없고 등록만 하면 되기 때문에, 화물차 증가 현상이 더욱 가속화됐다. 운송화물이 크게 늘어난 것도 아닌데 갑자기 화물차 수가 급증했으니, 수급원리상 운임이 오르지 않는 건 당연한 일이다. 그렇다면 달랑 화물차 한 대를 가지고 근근히 살아가는 단독 차주들이 시장에서 퇴출돼야 수급불균형이 해소될 텐데, 마지막 생계수단으로 화물차를 구입해 아직 할부금도 갚지 못한 전재산이나 다름 없는 화물차를 처분하고 생업을 바꾸기가 여간 어려운 일이 아니다. 하지만 먹고살기가 어렵다고 너도나도 집단행동을 한다면 우리 사회는 극도의 혼란에 빠지고 말 것이다. 따라서 '물류를 멈춰 세상을 바꾸자'는 화물연대의 구호는 언뜻 그럴 듯해 보이지만, 화물차주들의 운임수입이 좋아지려면 지입제나 다단계 화물운송 시스템을 뜯어고치는 것 외에도 화물차 수급을 조절해야 한다는 사실을 간과했다는 점에서 문제의 핵심을 왜곡하는 측면이 있다고 하겠다. 정부가 1차 화물연대 파업 직후 단독 차주의 등록을 허용하는 쪽으로 법개정을 약속했는데도 화물연대가 또다시 2차 파업을 강행한 것은 이런 사정 때문이다. 따라서 다단계 알선행위를 단속하고 온라인 시스템을 이용해 최대한 투명하게 화물알선 업무를 처리하며 지입제 폐단을 개선하는 것도 서둘러야겠지만, 정부가 나서서 화물운송 수급까지 조절해 줄 수는 없는 일이다. 그렇다면 관계당국은 최후수단으로 화물운송업의 구조조정도 고려해야 할지 모른다. 어쨌든 화물운송체계의 낙후로 인해 '물류대란'이 일어나 산업계가 엄청난 손실을 입고, 부산항 등 국내 항만시설이 심각한 위상추락을 겪은 불행한 사태가 되풀이돼서는 안 될 것이다.

사례 화물연대 파업사태 일지

- 2003. 4. 30   화물연대, 운임인상, 지입제 철폐, 경유세 면세, 고속도로 통행료 감면 등 16개 사항 요구하며 집단행동 예고.
- 2003. 5. 2   화물연대 포항지부, 화물운송 거부.
- 2003. 5. 7   화물연대 부산지부, 5월 8일부터 파업돌입 선언.
- 2003. 5. 8   화물연대 부산지부 파업 시작, 컨테이너 수송 거부.
- 2003. 5. 9   화물연대 부산지부, 신선대 부두 정문에서 집회 시작.
- 2003. 5. 10   화물연대 부산지부, 지도부의 파업유보와 대 정부 교섭방침 발표에 반발.
- 2003. 5. 11   김영원 화물연대 부산지부장, 파업번복 사태 책임지고 사퇴. 파업 후 처음 서울 중앙노동위원회에서 화주대

	표 및 운송사 대표, 정부부처 관계자들과 교섭 시작.
• 2003. 5. 12	고건 국무총리, 대 국민 담화문 통해 공권력 투입 방침 및 비상수송대책시행 발표.
• 2003. 5. 13	정부, 군수송용 트레일러 투입 등 비상수송대책 돌입.
• 2003. 5. 14	화물연대 울산지부·의왕ICD 조합원 동조파업 돌입.
• 2003. 5. 15	화물연대, 노·정협상에서 11개 사항 극적 타결됨에 따라 파업 풀고 업무복귀 결정.
• 2003. 5. 15	경찰, 화물연대 파업주동자 사법처리 보류.
• 2003. 7. 14	화물연대 BCT(벌크 시멘트 트레일러) 조합원들, 충북 제천, 단양, 영월 일대 시멘트 운송을 전면 거부.
• 2003. 7. 21~31	화물연대, 조합원 찬반투표에서 72.9%의 투표에 투표자 90.3%의 찬성으로 운송거부 결의.
• 2003. 8. 4	화물연대 지도부, 19일까지 노·사, 노·정 합의가 안 되면 8월 20일 이후 운송거부에 돌입하겠다고 기자회견.
• 2003. 8. 4	충남지방 경찰청, 충남 당진 한보철강 앞 도로를 막고 농성 중이던 전 화물연대 당진지부 조합원 70여 명을 연행.
• 2003. 8. 6	충남 당진경찰서, 화물연대 권충식 한보 분회장 등 5명을 '집회와시위에관한법률' 및 '폭력행위등처벌에관한법률' 위반혐의로 구속하고 28명을 불구속 입건.
• 2003. 8. 21	화물연대, 또다시 파업돌입.
• 2003. 8. 22	컨테이너 부문, 협상 재개했다 중단.
• 2003. 8. 23	화물연대 조합원 5,000명, 충북 제천에서 농성 후 자진 해산

- 2003. 8. 25   컨테이너 부문, 협상 재개.
- 2003. 8. 25   정부, 화물연대 지휘부에 업무방해죄 적용 방침.
- 2003. 8. 25   포항 남부경찰서, 차량운행 방해 혐의로 연행된 화물연대 조합원 5명에 구속영장 신청.
- 2003. 8. 26   경찰, 화물연대 지휘부 16명에 체포영장 발부받음.
- 2003. 8. 26   시멘트 운송업계, 화물연대 BCT 조합원 61.6% 업무복귀 발표, 1차로 미복귀자 54명에 대해 계약해지 통보.
- 2003. 8. 26   노무현 대통령, 화물운송 거부사태에 단호대처 지시.
- 2003. 8. 26   한국노총 산하 부산항운노조, 화물연대 파업 비난.
- 2003. 9. 1   화물연대, 서울 여의도와 부산역 광장에서 총파업 승리 결의대회 개최.
- 2003. 9. 1~3   화물연대, 차량시위로 교통마비 몸살.
- 2003. 9. 3   화물연대 부산 컨테이너지회, 위수탁계약 철회 조건으로 업무복귀 시사.
- 2003. 9. 3   화물연대 위수탁 지부와 경인ICD, 업무복귀 시작.
- 2003. 9. 5   화물연대 지도부, 파업철회 공식 결정.
- 2003. 9. 17   화물연대, 조합원 1,500여 명이 계약해지됐다고 밝힘. 분야별로는 컨테이너 위수탁 지부 200여 명, BCT 250여 명, 철강 및 개별 화물 각각 500여 명 등임.

걱정되는 새 불씨, 노·노 갈등

비정규직 근로자 문제가 노사평화를 위협하는 또 다른 불씨로 떠오르고 있다. 외환위기 이후 기업들이 정규직을 줄이고 비정규직 채용을 대폭 늘리면서 비정규 근로자의 비중이 1995년 41.9%에서 2000년 52.4%로, 불과 5년 사이에 10.5%포인트나 급증했다. 이러니 웬만한 대기업들은 비정규직 근로자들이 집단행동을 할 경우 공장가동이 중단될 수밖에 없다. 게다가 현 정부 출범 이후 민노총 등 노동계가 비정규직 처우개선을 요구하고 나온데다 화물연대 파업에 자극받아, 제조업 비정규직 근로자들의 태도가 강경해지고 있다. 이들은 화물연대 소속 차주들이 법적인 교섭상대가 아닌 포스코 등 화주 업체들을 상대로 파업 투쟁을 벌여 운임인상과 경유세 면세 등 큰 성과를 얻어낸 것을 보고, 노조결성을 서두르고 있는 것으로 알려졌다. 비정규직 근로자들이 소속 회사이자 법적인 임금협상 상대인 하도급업체를 제치고 실제로 근무하는 대기업을 상대로 임금인상을 요구하는 사태가 우려된다.

비정규직 근로자들의 불만은 정규직이 하는 일과 같거나 비슷한 업무를 풀타임으로 하면서 비정규직이라는 이유만으로 임금에서 큰 차이가 나고 고용도 불안하다는 점에 있다. 한국노동연구원 분석에 따르면, 부가급여를 포함한 1인당 노동비용은 비정규직이 정규직의 60~70% 정도에 불과한 것으로 나타났다. 게다가 여성이나 고령자가 가사와 노동을 병행하거나 자신의 삶의 질을 높이기 위해 파트타임 근로를 스스로 선택하는 선진국과는 달리, 우리나라는 마땅한 정규직 일자리가 없어 비정규직 근로자가 된 경우가 대부분이니 이들의 불만이 높을 수밖에 없다. 어쨌거나 비정규직 근로자들이 집단으로 임금인상을 요구해올 경우, 기업들은 고용규모를 줄이든지 공장을 해외로 이전하거나 아니면 외주를 늘릴 것이 뻔하다. 이렇게 되면 일자리가 줄어들고 고용은 더욱 불안해질 염려가 있다. 대한상공회의소가 최근 서울지역 제조업

제로섬 게임(zero-sum game)이란 양쪽 당사자의 이해관계가 엇갈려 어느 한쪽이 이득을 보면 다른 쪽이 손해를 볼 수밖에 없는 상황을 말한다. 이에 비해 양쪽 모두 이득을 보는 경우 플러스섬 게임(plus-sum game), 양쪽 모두 손해를 보는 경우는 마이너스섬 게임(minus-sum game)이라고 한다.

체 220개를 대상으로 조사한 결과도 비정규직 보호가 강화될 경우 42.2%가 "채용을 줄이겠다"고 대답했고, 10.4%는 "해외로 공장을 옮길 수밖에 없다"고 응답해 이를 확인해주고 있다. 그렇다고 비정규직 근로자 급증에 박수만 칠 수도 없는 게 사실이다. 노동시장 유연성이나 임금안정도 좋지만 애사심 약화, 기업 내 기술축적 저하, 교육·훈련투자 부족에 따른 노동의 질 저하, 성장잠재력 약화, 노사갈등·노노갈등 유발 등과 같은 부작용도 가볍게 볼 수 없기 때문이다.

특히 비정규직 근로자들이 정규직 근로자들과 이해다툼을 벌일 경우 산업현장에 큰 혼란이 일어날 수 있다는 점은 여간 심각한 문제가 아니다. 오는 2007년부터 사업장 복수노조가 허용되면 이 같은 갈등은 더욱 증폭될 것이 분명하다. 임금·복지후생 등 근로자 몫은 한정돼 있는데 이를 정규직 근로자들과 비정규직 근로자들이 서로 더 많이 차지하겠다고 다툰다면 어느 한쪽이 상대적으로 손해를 볼 수밖에 없는 제로섬 게임이 된다.

실제로 정규직 노조가 파업을 벌이거나 임금인상·복지후생확대 등 근로조건을 개선하면 할수록 그 불똥이 엉뚱하게 납품업체나 하도급업체 직원들에게 떨어질 가능성이 높다. 특별히 사업이 잘 되는 것도 아닌데 노조 압력으로 임금을 올려주거나 복지후생을 확대했다면, 기업 입장에서는 그 부담을 메우기 위해 납품가격을 깎거나 하도급업체 지급액을 줄이는 수밖에 없고, 이렇게 되면 자연히 납품·하도급업체 직원들은 불이익을 받을 수밖에 없게 된다. 게다가 정규직과 비정규직의 이해갈등 또는 노조 분파 간의 선명성 경쟁 같은 노·노 갈등이 불거져 노사협상 타결을 어렵게 할 경우, 이는 결국 노사 모두 손해를 보는 마이너스섬 게임이 되기 쉽다.

　따라서 비정규직 근로자 문제를 슬기롭게 해결해 노·노 갈등을 미연에 방지하는 것이 우리 경제의 성장과 안정을 위해 매우 긴요한 과제가 되고 있다. 우선 기업은 같은 직장에서 정규직 근로자와 똑같은 일을 하는 비정규직 근로자의 정규직 전환을 적극 추진해야 옳다. 사법부도 작업장소가 같고 업무내용도 같은데 단지 비정규직으로 고용계약을 맺었다는 이유만으로 임금·복지후생 등 모든 면에서 차별하는 것은 위법이라는 판례를 내린 바 있다. 대신 노조는 생산성 향상에 최선을 다하는 한편, 지나친 임금인상 요구는 자제해야 할 것이다. 이것이야말로 노사 모두에게 이로운 플러스섬 게임임에 틀림없다.

 현대자동차의 노·노 갈등

현대자동차에서 근무하고 있는 하도급업체 소속 근로자들이 비정규직 투쟁위원회 총회를 갖고 노조설립을 추진하기로 하고 자신들을 "사실상 현대차의 비정규 근로자"라고 주장하고 나섰다. 이들은 지난 6월 현대차 노조의 금속노련 가입을 통한 산별노조 체제로의 전환이 정규직 조합원 투표에서 부결됨으로써, 비정규직 처우개선이 사실상 거부된 데 자극받아 독자노선을 선택한 것으로 알려졌다. 비정규직들은 정규직 노조가 집단이기주의에 빠져 자신들의 임금인상에만 치중해 왔고 결과적으로 하청업체 비정규직 근로자들에게 저임금을 고착시켰다는 피해의식을 갖고 있다. 장기파업 끝에 임금삭감 없는 주5일 근무제 시행에 현대자동차 노사가 합의한 것도 그 부담이 결국은 비정규직 근로자들에게 전가될 것이라고 강조한다. 이에 대해 정규직 노조인 현대차 노조는 "비정규직 근로자들의 독자적인 노조설립은 제반 여건을 감안할 때 문제가 있으므로 재고돼야 한다"고 주장했다. 그러나 비정규직 노조관계자들은 "현대차 노조에 더 이상 기대할 게 없다"면서 독자적인 노조결성을 강행하겠다는 뜻을 분명히 했다. 현대자동차 울산공장의 정규직 직원 수가 2만 7,000여 명인 데 비해 비정규직 근로자들은 8,000여 명으로 숫적으로는 적지만, 이들이 뭉쳐 집단행동을 할 경우 적지 않은 파장이 우려된다. 현대차의 경우 그렇지 않아도 민투위와 민노투, 노연투, 실노회, 동지회, 자주회, 현장투, 현노투, 전진회 등 노조계파가 무려 10여 개에 이르고 이들 간의 갈등도 적지 않은데, 여기에다 비정규직 노조까지 출현한다면 자칫 노 · 노 갈등이 더욱 심해지는 계기가 되지 않을까 걱정이다.

입술이 망하면 이가 시리다

크고 작은 파업이 줄을 이으면서 파업으로 인한 경제적 손실도 엄청나게 컸다. 2003년 한 해 파업으로 인한 생산 · 수출 차질액은 노동법 개정이 추진됐던 지난 1997년 수준을 넘어 지난 10여 년 만에 최대 규모를 기록할 전망이다.

우선 2003년 일어난 많은 파업 중에서 사회적으로 가장 파장이 컸던 화물연대 파업의 경우를 보자. 무역협회에 따르면 지난 5월 화물연대의 1차 파업기간 때 운송 · 선적 차질로 인한 물류피해가 5억 4,000만

<표 3-1> 최근 10년 간 노사분규로 인한 생산·수출차질액

구 분	1991	1992	1993	1994	1995	1996
생산차질액(억 원)	12,317	19,586	20,872	15,026	10,757	26,428
수출차질액(백만 달러)	238	260	564	550	200	578
분규발생 건수	234	235	144	121	88	85
분규참가자 수	175,089	105,034	108,577	104,339	49,717	79,495
근로손실 일수	3,271,334	1,527,612	1,308,326	1,484,368	392,581	892,987

구 분	1997	1998	1999	2000	2001	2002
생산차질액(억 원)	29,929	16,363	18,908	16,357	21,269	17,177
수출차질액(백만 달러)	498	825	771	636	767	608
분규발생 건수	78	129	198	250	235	322
분규참가자 수	43,991	146,065	92,026	177,969	88,548	93,859
근로손실 일수	444,720	1,452,096	1,366,281	1,893,563	1,083,079	1,580,404

자료 : 경영자총협회.

달러에 달하는 것으로 조사됐다. 이 중에서 12개 지방 중소기업청에 신고된 중소기업들의 피해만 3,284만 달러였으며, 지역적으로는 경기지역이 1,874만 달러로 가장 큰 피해를 입었다. 또한 전경련이 조사한 결과에 따르면 수출 차질액은 약 1억 2,000만 달러로 파업이 없었을 경우 같은 기간 중 예상되는 총수출액 7억 4,800만 달러의 16%를 넘는다. 업종별로는 약 8,000만 달러의 수출 차질을 빚은 전자제품을 비롯해 타이어·섬유 등의 수출 차질이 두드러졌다. 그러나 생산·수출 차질 못지않게 큰 피해는 납기지연으로 인한 신뢰상실과 바이어 이탈 등인데, 특히 에어컨 등 일부 전자제품의 경우 바이어 이탈이 심각한 것으로 알려졌다. 이 밖에도 '동북아 허브'를 지향하는 부산항의 경우 잇따

왜 부산항을 떠나려고 할까?

| 한국경제신문 2003년 9월 21일 |

부산항에 기항하고 있는 국내외 선박회사들 중 절반 이상이 부산항을 떠날 것을 검토하고 있다는 해운수산개발연구원의 설문조사 결과는 충격적이다. 올 들어 화물연대의 잇따른 파업에다 태풍피해까지 겹쳐 하역작업이 큰 지장을 받기는 했지만 고객들의 신뢰추락이 이 정도로 심각할 줄은 몰랐다.

국내 수출입화물의 80%가량을 취급하고 있는 부산항의 경쟁력이 이렇게 무너져 내리고 있으니, 서둘러 대책을 강구하지 않으면 '동북아 물류중심'은 고사하고 우리의 산업경쟁력 자체가 엄청난 타격을 받을 가능성도 배제할 수 없다고 본다. 부산항의 위상은 최근 심각한 도전을 받고 있다. 중국의 주요 항구들이 시설을 대폭 확충하면서 강력한 경쟁상대로 급부상하고 있기 때문이다.

예를 들어 내후년에 개항할 예정인 상하이 양산 신항은 앞으로 20년간 52개 선석을 건설해 3,000만 TEU를 처리할 수 있는 세계 최대 규모의 컨테이너 항구로 성장한다는 야심 찬 계획을 추진 중이며, 칭다오·텐진·다롄 등도 각각 컨테이너 처리능력을 크게 확장할 계획이다.

이렇게 되면 중국행 환적화물이 크게 줄어들어 최악의 경우 부산항 물동량이 3분의 1 가까이 감소할 것으로 우려되고 있다. '동북아 허브항'의 꿈이 물거품이 되는 건 물론이고, 자칫 대만의 카오슝항처럼 경쟁대열에서 완전히 탈락할지 모르는 위기에 직면한 셈이다.

더욱 심각한 것은 관계당국이 이같이 다급한 현실을 외면한 채 항만개발 투자나 물류 서비스 개선에 전혀 신경을 쓰지 않고 있다는 점이다. 접안시설은 물론이고 보세창고, 가공시설 등이 모두 크게 부족하며, 하역·통관업무 자동화도 매우 낙후돼 있다. 게다가 항만 배후지 개발이 부진하고 물류 소프트웨어도 빈약해 단순한 화물반출입에 그칠 뿐 부가가치 창출이 거의 없는 형편이다.

부산항의 경우 올해 1월에야 겨우 부산 시내를 통과하지 않고 신선대 부두에서 바로 경부고속도로로 연결되는 광안대로를 개통했을 정도니, 다른 항만의 물류관련 인프라가 얼마나 빈약할지 짐작할 수 있다. 이런 판국에 설상가상으로 화물연대 파업과 태풍으로 인한 피해까지 막심하니 여간 걱정되는 게 아니다. 정부와 해운업계는 국내 물류산업의 사활을 걸고 과감한 시설투자와 소프트웨어 개발을 추진하는 한편, 외국 대형 운송업체 유치에도 발벗고 나서야 마땅하다.

'동북아 물류중심'은 막연한 구호만으로 되는 것이 아니라 끊임없는 노력이 뒷받침돼야만 가능하다는 점을 명심해야 할 것이다.

른 파업에다 태풍 피해까지 겹쳐 하역·선적 일정이 자주 차질을 빚는 바람에 부산항에 기항하는 국내외 선박회사들이 기항지를 옮길 것을 심각하게 고려하고 있는 등 당장 눈에 보이지 않는 간접적인 피해도 막심하다.

철도파업의 경우 철도청은 수도권 전철 및 여객열차의 운행 차질에 따른 영업손실 71억 원과 화물열차 운행 차질로 인한 영업손실 24억 원 등 모두 95억 원의 영업손실이 발생했다고 밝혔다. 그러나 대체인력 1,089명의 급여까지 감안하면 지난 6월 28일부터 4일 간 계속된 철도파업으로 인해 철도청이 입은 피해만 100억 원이 넘을 것으로 예상된다. 이 밖에 화물열차 운행이 지연되는 바람에 시멘트, 수출입 컨테이너, 유류, 광석, 석탄 등의 철도수송도 차질이 빚어졌고, 이에 따른 생산 차질 규모도 수백억 원에 이를 것으로 추산된다.

그렇지만 뭐니뭐니 해도 산업현장에서의 손실이 가장 크다. 산업자원부가 지난 6월 25일부터 7월 말까지 분규가 발생한 31개 주요 사업장의 피해를 조사한 결과, 생산감소 1조 6,000억 원, 수출감소 6억 600여만 달러로 집계됐다고 밝혔다. 이 중에서 가장 큰 피해업체는 27일간(휴일 및 휴가 제외) 파업 몸살을 앓아온 현대차로 1조 4,000억 원 가까운 생산 차질과 6억 200여만 달러의 수출 차질을 빚었으며, 중국·말레이시아·러시아·대만·파키스탄·이집트 등 현지 조립공장과 협력업체의 생산손실까지 합치면 총피해 규모가 3조 6,000억 원에 이르는 것으로 알려졌다. 해외공장 중에서는 부품조달 차질로 인해 2,100억 원의 생산 차질을 빚은 중국공장의 피해가 가장 컸으며, 울산과 경주 등 전국에 산재한 370여 개의 1차 협력업체와 3,000여 개의 2·3차 협력업체 손실도 2조 원으로 추산된다. 이 밖에 출하지연에 따른 국내외

계약취소 및 해외 바이어들의 이탈, 현대차 이미지 추락, 조업 차질에 따른 임금손실, 식당 유통업체 등 지역경제에 미치는 피해까지 감안하면 파업손실은 그야말로 상상을 초월할 정도다.

가뜩이나 외환위기 이후 최악의 경기침체에 시달리고 있어 기업이건 개인이건 모두 다 어려운 판에, 대기업·공기업노조들의 잦은 파업으로 이처럼 막대한 손실까지 발생했으니 딱한 일이다. 그렇지 않아도 임금이 훨씬 싸고 엄청난 시장잠재력을 갖고 있으며 기업환경도 양호한 중국으로 우리 기업들이 앞다퉈 옮겨가고 있는 마당에 하루가 멀다 하고 파업을 벌여서야 될 말인가. 이대로 가면 중국기업들의 급성장으로 인해 국내기업들, 더 나아가 우리 경제 앞날은 큰 위기에 직면할 수밖에 없다는 사실을 명심해야 할 것이다.

2

떡 키우기와 떡 나누기

경기침체가 지속되고 있는 가운데 2003년 들어 잇따라 발생한 대규모 노사분규는 다시 한번 우리 노사관계의 후진성을 부각시키고 있다. 오래 전부터 지나치게 경직된 노동시장과 강성 노조가 경제성장의 최대 걸림돌로 지적돼 온 터라 더욱 그렇다. 첨단기술이나 금융기법 등에서 선진국에 비해 크게 뒤떨어진 우리 처지에선 현장경험이 풍부한 노동력을 바탕으로 우수한 품질과 상대적으로 값싼 제품을 생산·수출하는 수밖에 없는데, 노사 간의 불신과 대립이 좀처럼 나아질 기미를 보이지 않고 있으니 큰일이다. 아니 나아지긴커녕 악화되기만 하고 있다. 하루 빨리 노사마찰을 극복하고 산업평화를 이룩하기 위해, 우리 실정에 맞는 노사 모델을 창출하고 새로운 성장동력을 찾아야 한다는 목소리가 높은 실정이다. 노사는 본래 이해관계가 다르지만, 그렇다고 사사건건 대립해야 할 필요는 없다. 양보와 협조를 통해 얼마든지 윈-윈 게임 또는 플러스섬 게임을 할 수 있다. 떡을 나누면서 서로 많이 차지하겠다고 다투기보다, 떡을 키우면 각자 전보다 더 큰 떡을 가질 수 있는 법이다. '성장이냐 분배냐' 라는 논쟁은 경제학에서도 오래 전부터 집중적인 연구대상으로 부각된 주제다. 그러나 우리 경우는 과거 고도성장기간 중 발생한 후유증에 대해 적절히 대응하지 못하고 방치한 탓에, 노사 간 불신은 갈수록 깊어졌고 다툼은 더욱 치열해졌다. 이제 우리가 서둘러야 할 일은 노사신뢰 회복과 대화, 그리고 정부당국의 일관성 있는 정책시행 등이다. 이를 통해 노사가 대화와 타협을 해도 어느 한쪽이 일방적으로 손해 보지 않고, 오히려 서로에게 이익이 된다는 점을 확실하게 인식시킬 필요가 있다.

20 : 80 시대의 산업평화 조건

노사타협을 통한 산업평화 구축은 우리에게 촌각을 다투는 시대적 과제다. 그러나 외환위기 이후 빈부격차 확대, 고용불안 가중, 부동산 투기 극성 등 국내 경제여건이 크게 악화됐고, 같은 업종에서도 극소수 우량기업들만 잘 나가는 이른바 '20 : 80' 사회가 됨에 따라 노사타협을 향한 길은 험난하기만 하다. 이런 상황에서 노동계나 재계가 먼저 서둘러야 할 일은 자타가 공인하는 대표성을 확보하는 것이다. 노조 조직비율이 선진국에 비해 형편없이 낮은데다 비정규직 비중이 급격히 커진 터라, 정규직 노조가 행사할 수 있는 영향력은 한계가 뚜렷하다. 게다가 노조 안에서도 분파가 많고 선명성 경쟁이 벌어지다 보니 노조 지도부가 이렇다 할 대안도 없이 강경 일변도로 치닫는 경우가 적지 않은데, 이는 모험주의라고 비판받아 마땅하다. 더구나 현대자동차의 경우처럼 비정규직 노동자들이 독자적으로 노조설립을 추진할 경우, 노조의 대표성은 고사하고 자칫 노·노 갈등이 구조적인 현상으로 고착될지도 모를 일이다. 기업별 단위노조가 성실하게 협상에 나서기보다 전국 민주노동조합총연맹(민노총) 또는 한국노동조합총연맹(한국노총) 같은 상급 노동단체의 일방적인 결정에 따라 움직이거나, 임금협상이나 단체협상의 대상이 아닌 정치적·사회적 문제 시정을 요구하며 쟁의행위를 일삼는 불합리한 행태도 고쳐야 마땅하다.

재계도 대표성이 약하기는 마찬가지다. 산업별 교섭을 하지 않고 기업별로 노사협상을 하는 체제여서 대기업들이라고 해도 경영환경이 서로 달라 노사협상에 관한 공통분모를 끌어내기가 쉽지 않다. 장기파업 끝에 현대자동차 노사가 주5일 근무제 시행조건에 대해 극적으로 타협하자, 사측이 지나치게 양보했다며 재계와 일부 언론이 현대자동차 경영진을 비난한 것이 좋은 예다. 게다가 분식회계·편법상속·정경유착·주가조작 등 불미스러운 일들이 잇따라 터지는 바람에 재계가 노조나 일반 국민들에게 고통분담을 요구할 명분이나 설득력도 약한 형편이다. 경영자총연합회(경총), 전국경제인연합회(전경련), 대한상공회의소(대한상의) 등과 같은 재계 단체들도 나름대로 업무를 특화하고 역할분담을 해서 재계 입장에 대한 혼선을 일으키지 말아야 할 것이다. 예를 들어 노동문제에 관한 한 경총이 전담하기로 합의했으면, 가능한 한 그 원칙을 지켜야 옳다.

노동계나 재계가 각자의 대표성을 확보한 뒤에는 다음 순서로 상호 신뢰구축에 힘써야 할 것이다. 먼저 노사 양쪽 모두 자신의 조직을 투명하고 합리적으로 운영해야 한다. 노조전임자에 대한 임금은 조합비에서 지급하도록 하는 것이 좋은 예다. 노동계는 현실적인 여건 미비를 들어 주저하고 있지만, 사측에 대항해 파업을 지휘하고 있는 노조전임자들이 쟁의대상인 사측으로부터 임금을 받는다는 건 이유야 어떻든 명분 없는 짓이다. '무노동, 무임금' 원칙을 지키는 것도 마찬가지다. 더 나은 임금과 근로조건을 놓고 협상을 벌이다 서로 입장이 다르고 이해가 대립돼 정 타협이 안 되면 마지막 수단으로 파업을 하는 것이다. 이런 극한 상황에서 어느 한쪽이 상식에 어긋나는 일방적인 행위를 한다면 신뢰를 잃게 되고, 그 결과 협상에도 나쁜 영향을 주게 마련이다. 노동을 하지 않으면서 파업기간 중의 임금을 달라는 것은 상식에 어긋나는 만큼, 아무리 형편이 어렵다고 해도 노조는 장기파업에 대비해 평소 파업기금을 적립해야 옳다. 사측이 노조로부터 신뢰를 받는 지름길이 투명경영임은 두말 할 필요가 없다. 경영진이 회사경영 실상을 노조측에 정확히 알려주고 사전에 이해를 구하면 웬만한 마찰은 충분히 예방할 수 있다고 믿는다. 이렇게 노사 양쪽이 상대방에게 책잡힐 일을 하지 않으면 극한적인 감정대립은 크게 줄어들 것이다.

 일본 도요타자동차의 핵심 경쟁력, 노사신뢰

도요타자동차는 2002년에 우리 돈으로 무려 10조 원이 훨씬 넘는 1조 4,140억 엔이라는 사상 최대의 경상이익을 냈으며, 최근 국제 신용평가회사인 무디스로부터 최고의 신용등급인 트리플A(Aaa)를 받은 세계적인 일류기업이다. 그런데도 회사 안팎의 경영사정을 감안해 기본급을 동결하기로 노사가 합의함으로써 부러움을 사고 있는데, 그 원동력은 두말할 것도 없이 전통적인 상생의 노사관계다. 2003년 9월 26일 대한상의가 주최한 조찬강연회의 '도요타자동차의 성공적인 노사협력방안'이란 주제의 강연에서 오기소 이치로 한국 도요타자동차 사장은 "도요타자동차의 노사관계는 자동차 축의 두 바퀴와 같다. 자동차는 두 바퀴가 발맞추어 나가야만 전진할 수 있듯이 노사 양측이 상호신뢰 아래 협력해야만 성공할 수 있다"고 강조했다.

오기소 사장은 도요타자동차도 과거 한때 격렬한 노사분규를 겪은 적이 있으나 지난 1967년 노사공동선언을 통해 서로를 존중하고 생산성 향상을 위해 노력하자고 합의한 것이 노사관계를 규정하는 기본 틀이 됐다고 말했다. 그는 도요타 노사관계의 핵심요소로 '좋은 커뮤니케이션'을 들었다. 도요타자동차의 중간관리자들은 권위주의에서 벗어나 수시로 노조원들과의 모임을 통해 회사의 비전과 방침을 설명하고 노조원의 이해와 협력을 구하고 있다. 이런 자리를 통해 자연스럽게 회사는 재정 상태와 계획 중인 프로젝트에 대해 설명하고, 노조는 근로조건 개선에 필요한 민원을 전달하는 한편 회사경영에 대해 의견개진을 하고 있다. 또 다른 핵심요소로 '상호신뢰'를 들었다. 그는 "노사가 서로를 동등하게 존중해야 하고 상호신뢰와 지속적인 대화를 통해 어려움과 문제를 극복할 수 있다"며, 이런 정신이 "경영자가 종업원들을 존중하고 소중한 자산"이라는 도요타 철학으로 이어진다고 강조했다. 실제로 도요타 경영진은 노조원의 삶에 영향을 미치게 될 주요 프로젝트를 추진하기 앞서 노조의 의견을 타진하며, 경영진은 노조의 협력이 있을 때에만 프로젝트의 성공이 가능하다는 것을 잘 인식하고 있다고 설명한다.

그러나 오기소 사장은 회사의 주요 프로젝트에 대한 의사결정은 전적으로 경영자 몫이라고 잘라 말했다. 대신 노조는 회사의 활동을 체크하고 여러 채널을 통해 아이디어를 제공하는 보완자 역할에 충실하고 있다고 전했다. "도요타 노조는 회사의 평형추 기능을 해야 한다"면서 "노조가 경영에 관계하게 되면 그 참여가 아무리 제한된다 하더라도 결과에 대한 책임을 질 수밖에 없다"고 이유를 설명했다. 특히 "노조는 경영진을 비추는 거울"이라며 "경영진이 잘 하면 노조도 잘 하게 돼 있다"고 말해 노사갈등이 끊이지 않고 있는 국내 자동차업계의 노사관행에 일침을 가했다. 또한 "노조와 안정적인 관계에 있는 회사라면 그 관계를 유지하기 위한 노력을 기울일 것이고, 반대로 이러한 노력이 없다면 안정적인 노사관계도 유지할 수 없다"고 덧붙였다.

타협을 통한 윈-윈 게임을 유도하려면 정부측 역할도 중요하다. 정부는 노사 양쪽의 입장을 듣고 타협을 유도하되, 양측이 지켜야 할 규칙(rule)을 제시하고 이를 준수하도록 감독하는 역할에 충실해야 한다. 만약 노사타협에 걸림돌이 되는 불합리한 제도나 법규가 있다면 시정해야 하며, 미비점은 개선하는 것이 옳다. 특히 어느 한쪽이 성실하게 협상을 하지 않고 불법·과격행동으로 상대방을 압도하려는 구태의연한 행태는 결코 용납돼선 안 된다. 예를 들면, 근로자 징계 때 회사가 노조와 사전합의를 거치도록 단체협약에 규정돼 있어도 노조가 회사와의 협의에 성실히 임하지 않으면 회사는 합의 없이도 징계권을 행사할 수 있다며, 서울고등법원 특별 8부가 지난 10월 2일 대우자동차 전 노조위원장 김일섭 등 대우자동차 해직 근로자 8명이 "사측의 징계해고는 단체협약 위반으로 부당하다"며 중앙노동위원회를 상대로 제기한 부당해고 취소처분 청구소송에서 1심과 같이 원고패소 판결을 내린 것도 같은 맥락으로 풀이된다.

정부가 신경 써야 할 또 다른 점은 경제안정에 만전을 기해야 한다는 것이다. 경제불안이 지속될 경우 임금인상 자제 대신 고용안정을 보장하는 것 같은 대타협을 이끌어내기가 어려워지기 때문이다. 예를 들어 정부재정이 부실할 경우, 구조조정에 따라 일자리를 잃게 될 해고자들에 대한 실업수당 지급 등 사회보장비 지출이 제한될 수밖에 없다. 실업자들이 최소한의 보장도 받지 못한다면 노조측은 사측에 양보할 명분이 없어진다. 또한 물가가 불안하면 노조측에 임금인상을 자제하라고 요구하기가 어려울 게 너무나 분명하다. 갈수록 비중이 커지고 있는 비정규직 문제의 해결도 정부가 나서야 할 대목이다. 최근 사실상 정규직 업무를 수행하고 있는 비정규직 노동자를 정규직으로 전환하도록 한 판례도 있지만, '동일 노동, 동일 임금' 원칙에 따라 기업들이 무분별한 비정규직 남용을 자제하도록 당국의 지속적인 관심과 노력이 필요하다고 본다.

무엇보다도 정부는 노사 어느 쪽에도 치우치지 않고 공정한 협상 중재자의 위치를 지켜야 한다. 협상은 가능한 한 노사자율에 맡기되 협상 진전을 가로막는 핵심사항에 대해서만 대안을 제시하고 타협을 유도하는 것이 바람직하다. 정부는 노조의 불법·과격파업을 단속하는 한편, 기업의 불공정 행위나 불성실한 협상자세도 똑같이 제재해야 마땅하다. 정부의 공정한 자세와 행정지원이 노사 양측으로부터 인정을 받을 때만이 중재자의 역할을 자임할 수 있을 것이다.

고용안정 대 생산성 향상

노조는 임금인상과 고용안정을 확보하려 애쓰고, 회사는 생산성 향상과 노동시장 유연성을 추구하기 때문에 이해관계가 상반된다. 생산성이란 생산량을 생산요소 투입량으로 나눈 값이다. 예를 들어 노동생산성은 생산량을 노동투입량으로 나눈 수치이고, 자본생산성은 생산량을 자본투입량으로 나눈 값이다. 노동에 대한 대가인 임금이 노동생산성보다 많이 오르면, 개별기업은 물론이고 우리 경제의 경쟁력이 약해질 수밖에 없다. 따라서 임금인상률은 생산성 증가율 범위에서 억제해야 하며, 필요하다면 임금동결 또는 감원을 추진할 수도 있다. 하지만 가능한 한 임금인상 억제나 감원보다는 (노동) 생산성 향상에 힘쓰는 것이 바람직한 것은 두말 할 필요도 없다.

문제는 최근 노동생산성 증가율의 둔화세가 지속되고 있다는 것이다. 지난 10월 6일 산업자원부와 한국생산성본부가 발표한 '2·4분기 노동생산성 동향' 자료에 따르면 2003년 2·4분기 노동생산성 지수(2000년=100)는 111.3으로 전년 동기 대비 4.3% 늘어났다. 이는 2002년 노동생산성 증가율 9.2%에 비해 크게 낮은 수준이다. 그 원인은 노동투입 증가율이 줄어든 것보다, 산업생산 증가율 감소가 상대적으로 더 컸기 때문이다. 즉 노동투입량은 전년 동기 대비 1.3% 감소했지만, 산업생산은 활발한 건설투자와 수출증가세에도 불구하고 도·소매 소비재 출하 등 내수관련 생산증가율이 크게 줄면서 전년 동기 대비 2.0% 증가하는 데 그쳤다. 또한 노동생산성지수 증가율(4.3%)은 시간당 임금지수 증가율(8.7%)을 크게 밑돌아 절반 정도에 불과한 것으로 나타났다. 이렇게 생산성 증가율이 저조한 데 비해 노동비용 부담은 갈수록 높아지고 있어 걱정이다.

2002년 한 해 동안 임금상승률은 12.0%로 일본 -1.1%, 대만 -0.2%, 싱가포르 0.2%에 비해선 물론이고 중국의 11.7%보다도 높다. 이렇게

표 3-2 | 1인당 부가가치 생산액 국제 비교(2001년 기준)

순위	국가	1인당 부가가치 생산액(미국 달러)
1	룩셈부르크	70,284
2	미국	66,923
3	벨기에	63,257
4	프랑스	60,495
5	이탈리아	56,541
6	일본	55,301
7	독일	54,062
8	오스트리아	53,913
9	호주	53,612
10	노르웨이	53,604
⋮	⋮	⋮
23	한국	31,878

자료 : 한국생산성본부, 한국경제신문 2003.10.18일자에서 재인용.

임금이 부가가치에 비해 빨리 상승하는 바람에, 우리나라의 1인당 부가가치 생산액은 3만 1,878달러에 그쳐 OECD 회원국 중 최하위권을 맴돌고 있다.

그렇다면 노동생산성을 끌어올릴 방법은 무엇인가?

첫째, 감원과 자동화를 통해 노동효율을 획기적으로 높이는 것이다. 필요 이상으로 많은 인원은 임금부담을 늘리는 건 물론이고 X-비효율을 발생시켜 생산성을 끌어내린다. 단순·반복업무는 자동화 또는 아웃소싱을 통해 해결하고 보다 창의적이고 핵심적인 업무에 집중하는 것이, 임금부담을 줄이는 동시에 생산성도 높이는 지름길이다. 최근 거대 통신기업인 KT(한국통신)가 전체 임직원 4만 3,700여 명의 12%가 넘는 5,500여명을 한꺼번에 명예퇴직시키기로 한 것도 같은 맥락으로 풀이된다. 둘째, 노동강도를 대폭 강화하고 전문지식·기술의 습득을 조직적으로 촉진해야 한다. 특히 우리의 노동강도는 선진국에 비해 상당히 약한 것으로 알려지고 있다. 이웃나라인 일본만 해도 9시부터 근무가 시작된다면 8시까지 출근해서 장비를 챙기고 생산 라인을 점검하며 팀원들 간에 의견을 교환하는 등 근무준비에 바쁜 게 보통이다. 국내 외국계 은행직원들도 업무와 관계없는 노조모임 등은 점심시간이나 근무시간이 끝난 뒤에 따로 갖는 등 노무관리가 국내기업보다 훨씬 더 엄격하다. 주5일 근무제를 계기로 업무와 관련된 전문지식·기술의 습득을 촉진하는 비공식조직 결성을 회사가 장려할 필요가 있다. 경총은 주5일 근무제 시행에 따른 인건비 부담 상승을 상쇄하자면 생산성이 그만큼 높아져야 한다고 주장하고 있다. 셋째, 임금인상은 생산성 향상의 범위로 자제해야 한다. 거듭 말하지만 생산성 상승보다 높은 임금인상은 기업부담을 가중시키고, 나아가 산업공동화를 촉진할 위험이 크다. 끝으로 감원이나 임금인상 억제보다 기업의 설비투자가 활발하게 이뤄지는 것이 노동생산성 향상에 바람직한 길임은 두말 할 필요도 없다. 그래야 생산성 향상이 확대재생산으로 이어져 경제성장을 촉진할 수 있을 것이다.

    그러나 생산성 향상도 좋지만 노조 입장에서는 노동자의 생계위협으로 직결될 것이 분명한 임금인상 억제나 감원을 순순히 받아들이기는 어려운 게 사실이다. 경기가 나쁠수록 기업은 투자를 꺼릴 것이고, 그 결과 생산성이 낮아지는 경향이 강하기 때문에 회사책임도 크다고 주장한다. '38선(38세 명퇴대상)', '사오정(45세 정년)', '오륙도(56세 현직은 월급도둑)' 같은 유행어가 의미하는 대로 고용안정이 어느 때보다 절실하다는 사실을 감안하면 더욱 그렇다. 따라서 고용안정을 극대화하는 동시에 인건비 부담을 줄일 수 있는 '임금 피크제' 같은 대안을 진지하게 검토해야 할 것이다. 우리나라에서는 최고 연봉(피크)을 정하고 이를 기준으로 임금을 조정하는 진정한 의미의 임금 피크제는 신용보증기금(신보)이 국내에서 처음으로 2003년 7월에 도입했다.

> 임금 피크제는 정년을 보장하되 일정한 연령이 되면 단계적으로 임금을 줄여나가는 제도를 말한다.

신용보증기금의 임금 피크제는 임직원의 나이가 만 55세가 되는 시점에 모든 보직과 직급을 포기하고 퇴직금을 중간 정산한 뒤 정년인 58세까지 순차적으로 임금을 줄여나가는 방식이다. 첫해엔 최고 연봉의 75%를 주고 2차년도에 55%, 3차년도에 35%를 각각 지급한다. 대신 정년까지 고용을 보장하며 퇴직 후에도 업무 능력이 인정되면 최대 60세까지 계약직으로 재고용된다. 제조업체에서는 대한전선이 11월 1일부터 처음으로 시행한다. 이 회사는 전사원의 평균임금을 계산한 뒤 이 수준을 넘는 종업원을 10월 31일자로 퇴직시킨 후 재입사하도록 하되 일정 수준 하향 조정된 기본급을 지급한다. 임금 피크제는 잘만 시행되면 사용자로선 인건비를 절감할 수 있고, 노동자는 고용안정을 보장받을 수 있어 노사 양측에 모두 이익이 될 수 있다. 특히 노령화가 빠른 속도로 진행되고 있기 때문에 고용안정은 더욱 시급한 과제라고 하겠다.

고용안정과 노동시장 유연성을 동시에 충족시키는 방안도 검토해야 할 것이다. 해고를 보다 쉽게 하도록 노동시장 유연성을 높이는 조치가 언뜻 고용안정을 해치는 것처럼 보이지만, 다른 일자리를 많이 만들어 낸다면 결과적으로 고용안정을 강화해 준다고 할 수 있다. 감원하기도 힘들지만 대신 일자리가 별로 없어 한번 해고되면 여간해선 재취업하기 어렵다면, 이는 진정한 의미로 고용이 안정된 상태라고 말할 수 없다. 실제로 2003년 8월 말 노동부 자료에 따르면, 우리나라는 OECD 회원국 27개국 중 여덟번째로 고용보호 수준이 강한 것으로 알려졌다. 항목별로는 정규직 노동자의 고용보호 수준은 19위, 임시직 노동자의 고용보호 수준은 13위를 기록했으며, 집단해고 규제는 다른 16개국과 공동 10위를 나타내 비교적 엄격한 것으로 나타났다. 고용보호 정도가 강할수록 노동이동이 둔화되고 한번 실직하면 장기간 실업상태에 머물 확률이 높다. 노동법의 규제가 강하면 전반적으로 취업률이 낮고, 남성 노동자의 고용안정에는 긍정적이나 여성노동자와 청년 또는 노령노동자의 취업에는 부정적인 경향이 있다. 그 결과 고용재분배 측면에서 노동자계층 간 불균등을 심화시킬 가능성이 높다. 따라서 '실업 없는 노동이동'이 가능하도록 고용관련 공공 서비스를 강화하는 한편, 직업능력 및 취업가능성을 높이기 위해 '평생 직업능력 개발체계'를 구축하겠다는 노동부 계획에 거는 기대가 크다. 또한 공정거래 정착과 상품시장 독과점 방지는 물론이고, 노동시장 이중구조를 해소하기 위해서도 대기업과 중소기업 간 하청구조 개선이 시급하다고 생각한다. 이 같은 개혁조치는 고용안정을 꾀할 뿐만 아니라 전반적인 노동시장의 효율을 높이기 위해서도 매우 효과적인 방안이라고 할 수 있다.

새로운 노사협력 틀을 찾아서

외환위기 이후 우리 경제는 큰 구조적 변화를 겪었다. 더 이상 고도성장을 당연시할 수 없게 됐으며, 이로 인해 취업난이 만성화됐다. 노령화가 빠른 속도로 진행되고 있고 출산율이 크게 떨어져, 예상보다 훨씬 빨리 오는 2014년이면 노령사회가 될 전망이다. 그 결과 우리 경제의 잠재성장률은 이전의 연간 7~8%에서 5% 안팎으로 떨어졌다. 앞으로 노령화가 진행될수록 잠재성장률은 더 떨어질 가능성이 높다. 이런 구조변화를 맞아 우리는 새로운 성장전략을 찾아야만 한다. 지금까지는 높은 수준의 인플레이션 지속을 감수하면서 고도성장을 추구해 왔다. 제조업 중심의 수출지향적 산업구조를 바탕으로 하고 모자라는 투자재원은 외채에 의존했다. 그러나 이 같은 기본구조가 깨진 지금은 고부가가치형 첨단산업과 같은 새로운 성장 엔진 육성과 함께, 급변하는 국내외 경제환경에 걸맞은 성숙한 노사관계 구축이 가장 시급한 과제로 꼽히고 있다. 지금은 과거 고도성장시대처럼 단순히 성장률이나 생산량 같은 외형 위주가 아닌 안정성·부가가치 등 내실이 중요하기 때문이다. 특히 엄청난 위험부담을 짊어져야 하고 오랜 시간이 걸리게 마련인 첨단산업 육성의 경우, 경제 시스템이 안정되지 않으면 성과를 거두기 어렵기 때문에 상생의 노사관계를 통한 산업평화 구축은 더욱 절실한 형편이다. 따라서 최근 우리 실정에 맞는 노사협력의 틀을 모색하기 위한 논의가 활발해지고 있는 것은 늦었지만 다행이다.

이정우 청와대 정책실장이 2003년 7월 초 노조의 부분적인 경영참여를 포함한 네덜란드식 노사모형을 거론하자 재계와 일부 언론이 우리 실정에 잘 맞지 않는다며 반박하고 나서 상당한 논란이 있었다. 그로부터 두 달 뒤인 9월 초 노동부와 노사관계제도 선진화 연구위원회가 노사관계 개혁안을 내놓았다. 핵심내용은 △사용자측의 대항권 강

> 노령사회란 65세 이상 인구가 전체 인구의 20% 이상인 사회를 말한다.
> 잠재성장률이란 인플레이션을 유발하지 않으면서 한 나라의 노동·자본 등 생산요소를 완전히 사용해 달성할 수 있는 최대 성장률을 말한다.

화, △은행 전산실, 병원 응급·수술실 등 공익 필수분야의 파업금지, △노동시장 유연성 제고, △쟁의 전치주의 폐지 등 4가지로 요약된다. 그러자 이번에는 노동계가 개혁안 내용이 사용자측의 입장만 대변하고 있다며 강력히 반발하고 나섰다. 그러나 노사 간 이해대립에도 불구하고 한 가지 점에서는 의견이 같다. 지금처럼 갈등과 불신만 쌓는 노사관계는 결코 바람직하지 않으며 새로운 노사모형을 찾아야 한다는 것이다. 현재 우리의 벤치마킹 대상인 선진국 노사모형은 영·미식, 유럽대륙식, 강소국방식 등이 있다. 노사모형뿐 아니라 이들은 각자의 역사적·문화적 특성을 배경으로 나름대로 독특한 경제 모델을 탄생시켰는데, 각기 장점과 단점이 있으며 모범답안은 따로 없다. 따라서 우리 실정에 맞는 상생의 노사협력 모형을 하루 빨리 만들어야 하는데, 여기에는 몇 가지 원칙이 있어야 한다.

첫째, 우리 경제 형편을 감안하면 당분간 분배보다 성장에 더 비중을 둬야 한다는 현실을 인정하고, 생산성 향상과 기업경쟁력 강화에 초점을 맞춰야 한다. 생산성이 국내외 경쟁기업들에 비해 상대적으로 떨어지고 그 결과 기업이 망한다면, 무엇보다 먼저 그 곳 노동자들부터 일자리를 잃게 될 게 분명하다. 이런 기업들이 많아지면 실업률이 올라가고 국가경제 사정은 어려워질 수밖에 없다. 따라서 노조도 임금인상이나 근로조건 개선을 요구하는 것 못지않게 생산성 향상을 위해 적극적으로 활동해야 마땅하다.

둘째, 경영진은 회사 직원들에게 경영현황을 그때그때 솔직히 알리고 최대한 협조를 구해야 한다. 임직원들의 자발적이고 전폭적인 협조가 없다면 복잡한 현대경제에서 기업이 경쟁력을 잃기 쉽다. '좋은 커뮤니케이션'과 '상호신뢰'를 바탕으로 한 상생의 노사관계가 세계적인 일류기업 도요타자동차가 자랑하는 경쟁력의 핵심이라고 강조하며, "경영진이 잘 하면 노조도 잘 하게 돼 있다"는 오기소 한국 도요타자동차 사장의 말은 산업평화의 정곡을 찌르는 명언이라고 하지 않을 수 없다. 분식회계나 협정위반 같은 노사 간 신뢰를 해치는 어떤 일도 해서는 안 된다는 건 두말 할 필요도 없다.

베스트셀러 《성공하는 사람들의 7가지 습관》의 저자 스티븐 코비 박사는 「21세기 조직의 생산성 향상」이라는 제목의 글에서 지식정보 사회에서 가장 중요한 자산인 지식노동자의 생산성을 향상시키기 위해서는 사고방식의 전환이 필수라고 강조하고 있다. 즉 지금까지는 생산성 향상을 위해 규정과 업무지침을 만들어 철저히 통제·관리하고 선택의 자유를 제한했지만, 앞으로는 인재를 가장 중요한 자산으로 생각하고 그들이 자발적으로 잠재력을 충분히 발휘할 수 있는 여건을 조성하는 데 주력해야 한다. 이를 위해 경영자들은 행동지침보다 원칙, 통제보다 자율, 효율보다 효과를 강조한다. 즉 한번의 성과보다는 지속적인 성과를 중시한다. 또한 과거처럼 공식적인 권위(formal authority)보다는 도덕적인 권위(moral authority)가 중요하다. 도덕적 권위를 가진 리더는 고객 못지않게 내부의 임직원들을 존중하고, 직원의 자발적인 선택을 통해 내면에 있는 잠재능력 발휘를 유도함으로써 생산성을 크게 향상시킨다는 것이다. 개인도 자기 관리가 제대로 돼야 선택한 것에 대한 집중이 가능하듯이, 기업도 생산성을 높이려면 노조와의 올바른 관계 설정이 필수다. 이를 바탕으로 올바른 경영목표를 설정하고 집중할 때 21세기 지식정보사회에 걸맞게 생산성 향상이 가능하다는 주장은 충분히 공감되는 얘기다.

셋째, 개별 기업의 경우가 아닌 노사관계 전반에 관한 제도나 법규는 글로벌 스탠더드(국제기준)에 맞추는 것이 옳다. 이렇게 해야 외자유치에도 유리하고 국내기업이 해외진출을 할 경우에도 혼란이 없게 된다. '무노동, 무임금' 원칙이나 조합비에서 노조전임자 급여지급 같은 사항이 대표적이다. 노조측은 우리 현실이 어려워 당분간 이를 받아들이기 어렵다고 강변하지만, '6·29 선언'이 있은 지 20여 년이 지난 지금까지도 한국적인 현실을 핑계로 글로벌 스탠더드를 받아들이지 않겠다는 것은 지나치게 일방적인 주장으로 설득력이 없다. 국제기준 적용에는 경영진도 예외가 아니다. '동일 노동, 동일 임금' 원칙에 따라 정규직 업무와 내용 면에서 별로 차이가 없고 같은 작업장에서 비슷한 시간 동안 일하고 있는 비정규직들은 정규직으로 전환해 줘야 할 것이며, 외국인 노동자들에 대한 고용허가제 시행을 확대해야 한다. 정부도 비정규직 채용 후 2년 이상 지나면 정규직으로 유도하는 등 비정규직 보호장치를 마련하기로 했지만, 이를 피하기 위해 일시 해고했다가 다시 채용하는 기업들의 편법행위를 단속할 수 있는 근거도 마련해야 할 것이다. 생산시설 점거, 사업장 출입저지, 비조합원 조업방해, 폭력파괴 및 협박 등 노조측의 불법행위뿐 아니라 사용자의 부당노동행위도 철저하게 단속해야 마땅하다.

넷째, 병원 응급·수술실, 철도·지하철 같은 운송망, 비행기 관제망, 은행 주전산실, 전기·가스·수도의 중앙통제 및 소비자 공급기능 등 필수공익 부문은 법인체가 파업을 하더라도 종사자들은 파업을 할 수 없게 하는 조치가 필요하다. 그 이유는 이들 사업이 국가경제 전반에 엄청난 영향을 미치기 때문이다. 현행 법은 해당 사업 내 인력을 통해서만 대체근로를 할 수 있도록 규정하고 있으나, 노동부가 제시한 '노사개혁 로드맵'에 따르면 앞으로는 신규채용과 하도급을 통한 대체

근로도 허용되게 할 예정인 것도 같은 맥락이다. 이들이 파업에 참가하면 대체근로 허용은 물론 긴급 복귀명령을 내리고 민·형사상 책임을 물리게 된다.

다섯째, 노동시장 유연화를 위해 사전 통보기간을 단축함으로써 정리해고를 보다 쉽게 할 수 있도록 하는 조치가 불가피하다. 정부당국은 현재 업종이나 기업규모와 상관없이 60일로 단일화돼 있는 사전 통보기간을 해고의 규모·비율 등을 감안해 60일 내에서 세분화할 예정이다. 또한 파산절차를 밟고 있는 기업에 대해서는 사전통보제를 배제하든지 요건을 대폭 완화하며, 사업 양도시 고용승계 원칙을 명문화하되 도산절차가 개시된 경우는 예외로 했다. 대신 실업자들에 대한 재교육과 창업지원, 실업수당 지급 등 정리해고 확대에 따른 보완장치 강화가 전제돼야 함은 물론이다. 특히 한번 실업자가 되면 다시 취업하기가 매우 어려운 우리 현실을 감안하면, 비정규직이나 시간제 일자리를 많이 만들며 노점상·파출부·과외수업교사 등 이른바 '비공식부문'을 양성화하는 조치를 적극 검토할 필요가 있다. 아울러 최저임금 수준을 현실화함으로써 시간제 일자리에 생계를 의존하고 있는 저소득층에 대한 지원도 강화해야 할 것이다.

여섯째, 노조측의 경영참여 요구에 대해서도 무조건 알레르기 반응을 보일 필요는 없으며, 임직원의 이해관계에 직·간접적으로 영향을 미치는 모든 경영사안에 대해 자발적으로 노조측에 알리고 충분히 협의하는 자세를 갖는 것이 바람직하다. 한 마디로 노사 간 합의를 요구하는 경영참여는 허용하지 말아야겠지만 협의는 별로 문제가 안 된다고 생각한다. 사측이 노조에게 생산성 향상과 유연한 고용을 주문하려면, 먼저 경영정보를 공유하고 투명경영을 보장함으로써 상호신뢰를 두텁게 해야 하기 때문이다. 정리해고 등 시장원리에 충실하고 노조의 경영참여를 허용하지 않는 미국에서조차 많은 우량 기업들이 노조 및 현장 노동자들의 참여를 확대해 높은 성과를 내고 있는 사실을 참고해야 할 것이다. 일부 전문가들은 "경영정보 공유와 회사의 주요 의사결정과 관련해 종업원들의 동의를 얻도록 하는 것은 현행 '근로자경영참여및협력에관한법'으로도 권장하고 있는 상황"이라며, "사측이 이 법의 취지를 살리지 못하는 게 문제"라고 지적하고 있다. 노조의 경영참여가 제도적으로 보장돼 있는 유럽식 노사모형을 그대로 수용할 필요는 없지만, 그렇다고 무조건 우리 실정에 맞지 않는다며 이를 개선·접목해 '노사공생'의 길을 모색하려는 노력조차 백안시하는 자세는 결코 바람직하지 않다.

끝으로 기업의 대항권을 크게 강화하는 동시에 사전조정제를 폐지함으로써 노조도 지금보다 파업을 쉽게 할 수 있도록 하는 정부방침이 바람직한 것인지 신중하게 재검토해야 할 것이다. 비록 형식적이긴 하지만 현재 10일로 돼 있는 냉각기간을 거치지 않고 즉각 파업에 돌입할 수 있도록 하는 것이 과연 산업평화를 위한 최선의 길인지 의문이다. 가능한 한 사전예방하는 것이 좋고 안 되면 사후조정에라도 힘쓰는 게 바람직하지, 노조가 쉽게 파업하고 기업도 강하게 대항하도록 하는 것이 능사는 아니다.

제4부

앞으로
어떻게 먹고살 것인가?

1

미래의 성장 엔진을 찾아라

요즘 우리 경제를 이끌어갈 미래의 성장 엔진을 찾기 위한 논의가 활발하다. 중국은 블랙홀처럼 전세계로부터 자본과 기술을 빨아들이며 엄청난 기세로 성장하고 있고, 우리와 선진국과의 기술격차는 좀처럼 좁혀지지 않고 있어 자칫 양 틈새에 끼기 쉽다. 이대로 가면 5~10년 뒤 먹고살 길이 막연하다는 위기감이 커지고 있는 것도 이 때문이다. 더구나 우리에게는 경제도약을 위해 쓸 수 있는 시간 여유도 많지 않다. 한국사회는 10년 뒤인 오는 2014년이면 65세 인구가 14% 이상인 노령사회가 될 전망이다. 이렇게 되면 노동력이 부족해지고 은퇴한 부양인구가 많아 경제적 부담이 가중될 것이 분명하다. 따라서 노령사회로 진입하기 전에 빨리 경제수준을 높이지 않으면 사회복지 부담을 줄일 기회가 영영 없을지도 모른다.

그렇다면 국민소득 2만 달러 시대로 진입하는 데 필요한 차세대 성장 엔진은 무엇일까? 그 동안의 성장 엔진이 값싸고 근면한 노동력을 바탕으로 선진국으로부터 수입한 기술을 접목해 육성한 수출주도형 제조업이었다면, 앞으로는 우수한 정보통신(IT) 기반시설을 기존 주력산업의 생산기술과 접목함으로써 세계적인 흐름인 디지털 컨버전스(기술융합)에서 우위를 차지해야 한다는 것이 전문가들의 공통된 견해다. 구체적으로 산업자원부·정보통신부·과학기술부 등 관계부처들이 논의해 최종적으로 선정한 10대 차세대 성장동력 산업을 보면 △디지털 TV·방송, △지능형 로봇, △미래형 자동차, △차세대 반도체, △차세대 이동통신, △디스플레이, △지능형 홈네트워크, △디지털 콘텐츠·소프트웨어 솔루션, △차세대 전지, △바이오 신약·장기 등이다. 이들 산업은 하나같이 발전 초기단계에 있어 성장잠재력이 크고 부가가치가 높으며 기술발전 속도가 빠르다는 공통점을 가지고 있다. 삼성경제연구소가 최근 선정한 10대 미래기술인 △시스템온 칩(system on a chip), △탄소나노 튜브, △전자종이, △서비스 로봇, △양자암호, △연료전지, △지능형 소프트웨어, △분산형 무선통신 네트워크, △맞춤형 신약, △인공장기 등도 10대 차세대 성장동력과 거의 비슷하다. 이들의 공통된 특징은 현행 기술을 뛰어넘어 새로운 시장을 창출하는 혁신적인 기술로서, 기존 업계판도를 바꿀 정도로 파괴력 있는 와해성 기술이라는 점이다.

 그러나 신(新)성장산업은 성장 가능성이 무궁무진하긴 하지만 동시에 개발위험도 매우 큰 것이 문제다. 세계적으로 치열한 개발경쟁이 벌어지고 있어 발전속도가 빠른 동시에 발전방향 또한 수시로 변하는 등 불확실성이 높아 자칫 실패하기 쉽다. 따라서 기술개발을 주도하고 있는 선진국 정부와 세계적인 거대기업들은 개발위험을 최소화하기 위해 컨소시엄을 구성하거나 자신들이 상대적으로 강점을 가지고 있는 분야에 집중적으로 투자하고 있다. 선진국에 비해 기술수준이 떨어지는데 다, 자금·인력 등 투입 가능한 자원마저 상대적으로 크게 부족한 우리로선 보다 치밀한 육성전략을 수립해야 하는 것이 당연하다.

핵심부품 및 소재 개발은 필수

차세대 성장동력산업 육성과 관련해 가장 시급한 과제는 핵심부품 및 소재 개발이다. 과거엔 원천기술을 해외에서 도입하고 핵심부품 및 소재를 수입해 완성품을 조립하는 대신, 값싼 노동력과 최신 설비를 이용해 단위당 생산비용을 낮춤으로써 경쟁력을 유지할 수 있었다. 그러나 시장이 급속도로 팽창하고 있는 차세대 첨단산업의 경우 선진국들의 견제로 인해 원천기술 도입이 아예 불가능하며 핵심부품 및 소재의 수입가격도 훨씬 비싸 경쟁력을 유지할 수 없다. 과거에도 기존 주력산업과 관련된 핵심부품 및 소재의 개발은 기회 있을 때마다 강조됐으나 성과는 미미했다. 그 결과 산업생산의 부가가치가 낮아지고 수출로 벌어들인 귀중한 외화가 핵심부품 및 소재를 수입하느라 유출됐다. 우리나라가 세계적으로 강한 경쟁력을 보유하고 있는 휴대전화·인터넷·디스플레이·2차전지 등 IT 분야에서도 핵심소재의 약 70%를 수입에 의존하고 있는 형편이다. 한 예로 양극·음극·세퍼레이터 등 2차전지 제조에 필요한 상당수 핵심부품·소재를 수입에 의존하고 있으며, 벽걸이용 PDP TV의 경우에도 격벽·유전체파우더·전자파차폐제·항균필터·나노파우더 등의 국산화가 매우 부진하다. 따라서 외형으로는 고도성장을 하고 있으나 실제 부가가치는 낮다. 더 큰 문제는 부품·소재의 해외 공급처가 가격인상·공급량조절·납기지연 등의 횡포를 부려도 일방적으로 끌려갈 수밖에 없다는 점이다. 이렇게 되면 자칫 차세대 성장동력산업의 발전이 지장을 받거나 치열한 국제경쟁에서 뒤질 수도 있다.

물론 전반적인 부품·소재 국산화율은 상당히 개선됐다. 한국전자산업진흥회가 삼성전자·LG전자·대우일렉트로닉스·이트로닉스·삼보컴퓨터 등 주요 전자제품 생산업체들을 대상으로 부품조달 현황을 조사한 결과 국산부품 사용 비중이 59.7%로 2002년보다 9.5%포인트 높아졌다고 밝혔다. 모니터가 2002년 43.9%에서 2003년 75.4%로, 프린터는 28.7%에서 65.5%로, 캠코더는 40%에서 61%로 각각 개선됐다. 냉장고·청소기·전자레인지 등 가전제품은 국산부품 사용비율이 거의 100%에 가깝다.

문제는 고부가가치 품목의 부품 국산화 비율이 낮다는 점이다. 예를 들어 전자제품 중 생산비중이 가장 큰 휴대전화의 경우 지난 5년 동안 40% 내외이던 국산부품 사용비중이 2003년에는 56.1%로 크게 올랐지만, 여전히 개선의 여지가 많다. 디지털TV·2차전지 등 첨단제품의 경우는 국산부품 비중이 이보다 훨씬 더 낮다.

그러면 주요 핵심부품·소재의 국산화 방안은 무엇일까. 우선 부품·소재 분야에 대한 과감하고도 꾸준한 투자가 필요하다. 투자위험이 크고 장기투자를 해야 하는 소재산업의 특성상 우리 기업들의 연구개발(R&D) 투자는 너무나 미미한 실정이다. 소재산업은 기반·장치산업의 성격이 크기 때문에 정부 주도로 대규모 R&D 펀드를 조성하고, 신소재 개발 또는 수입대체를 지원해야 한다. 둘째로 부품·소재산업의 동반성장을 위한 협력망 구축이 시급하다. 소재는 부품으로, 부품은 시스템에 적용되기 때문에 어느 한쪽의 일방적인 개발추진은 한계에 봉착하기 쉽다. 그러므로 시스템 업체와 소재기업이 상호협력 체계를 구축해 공동개발을 해야 한다. 중소기업들이 부품·소재를 생산해 대기업에 납품하는 것이 일반적인데, 대부분의 중소기업들은 정보수집능력과 연구시설이 부족한 만큼 납품을 받는 대기업 또는 유관기업과의 협력체제 구축 및 정부출연 연구기관의 도움이 절실한 실정이다. 셋째, 기술격차가 큰 일부 부품·소재 품목에 대해서는 해외기술을 도입해 이를 개선·발전시켜야 한다. 뿐만 아니라 부품·소재산업의 국제협력에도 힘써야 한다. 부품·소재부문에서 한국은 일본에 막대한 무역적자를 기록하고 있고, 중국은 한국에 마찬가지 관계에 있다. 또한 일본은 중국과의 무역에서 대규모 적자를 기록하고 있다. 이렇게 동북아 3국은 서로 물리고 물려 있는 관계에 있는 만큼, 서로 상대국가에 대한 적극적인 해외투자, 기술 및 인적 교류 등을 통해 상호 협력할 여지가 많은 것이 사실이다.

또한 정부는 부품·소재산업에 대한 금융·세제지원을 확대해야 한다. 현재 소재를 개발·생산하기 위한 원자재나 설비 등을 수입할 경우 품목에 따라 3~10% 정도의 관세를 부과하고 있는 등 어려움이 많다. 끝으로 부품규격을 표준화시켜 완성·조립업체가 달라도 같은 규격의 부품을 생산·납품할 수 있도록 하는 조치가 필요하다. 그래야만 부품·소재산업이 규모의 경제를 확보하고 전세계를 상대로 판로를 개척할 수 있다.

실제로 선진국의 유력 중소기업들은 생산한 부품을 세계시장에 내다 팔고 있다. 최종제품을 완성·조립하는 대기업은 인터넷 조달 등을 통해 부품·소재 납품업체 선정과정을 투명하게 하고, 부대비용을 최대한 절감할 필요가 있다. 그래야 경쟁력 있는 중소기업들이 성장하고 국내 부품·소재산업도 발전할 수 있다. 결국 부품·소재산업 육성을 위해서는 어느 한 분야만의 노력으로는 불가능하며 R&D 환경정비, 기업 간 상호협조 및 투명경영, 국제교류를 통한 외국기업 기술습득 등이 함께 추진되어야 한다.

또한 정부는 전문인력 양성, 관련정보 네트워크와 같은 인프라 구축 등 역할분담을 통해 산업발전을 지원하는 것이 바람직하다. 산업자원부가 부품·소재생산 기업들이 기술개발 및 무역·생산·수급시장 등 부품·소재정보를 종합적으로 파악할 수 있는 '부품·소재 종합정보망(MCT-net, www.mctnet.org)'을 구축하여 2003년 7월 말부터 본격적으로 서비스를 시작한 것이 좋은 예다. 이는 부품·소재기반 구축사업 중 하나로서 부품·소재 정보지원체계 확립이 시급하다는 판단 아래 한국과학기술정보연구원(KISTI)과 기계연구원 등 11개 연구기관이 참여하여 기업이 필요로 하는 정보제공을 위한 부품·소재정보사업을 추진해 온 성과다.

이번에 구축된 MCT-net에서는 부품·소재산업의 핵심기술 분야를 중심으로 한 소재·물성시험 등의 기술분석정보 7,500건, 연구개발에 필요한 기초문헌정보·특허정보 등의 일반정보 200만 건 등을 제공하는데, 오는 2005년까지 500만여 건의 정보를 축적하여 서비스할 계획이다.

앞으로 기술정보뿐 아니라 전문인력 풀, 국내외 취업정보 등에 관한 정보 인프라를 확충하고 더 나아가 해외 정보망과 연결해 기업들에 관련정보를 신속히 제공한다면 부품·소재산업의 성장에 큰 도움이 될 것으로 기대된다.

연구개발 활성화가 관건

차세대 성장 엔진을 발굴하고 육성하는 데 있어서 연구개발 활성화의 중요성은 두말 할 필요가 없다. 핀란드·스웨덴 등이 좁은 국토와 1,000만 명 미만의 적은 인구, 그리고 빈약한 부존자원에도 불구하고 1인당 국민소득이 3만 달러를 넘는 부자나라가 된 것도 성공적인 연구개발과 기술혁신 덕분이다. 핀란드와 스웨덴은 옛 소련의 붕괴와 함께 경제위기를 맞자 부실기업 회생을 위해 공적자금을 투입하는 대신 신기술 개발에 대한 지원과 투자에 주력한 결과 현재 IT, 디자인, 로봇 등 첨단 성장산업에서 강력한 주도권을 행사하고 있다. 핀란드는 1993년 국가산업전략을 수립하고 과학연구단지 조성에 박차를 가했으며, 1994년부터는 산업 인프라스트럭처 구축에 힘쓰고 있다. 스웨덴은 국내총생산(GDP) 대비 R&D 예산비중이 세계 최고 수준인 3%에 달하고 있다.

그러면 어떻게 해야 국내 연구개발을 활성화할 수 있을까?

우선 산·학·연 합동연구의 상승효과를 낼 수 있는 연구단지 조성 및 활성화를 꼽을 수 있다. 특히 정부출연연구소는 분야별로 적지 않은 고급인력이 있으며, 연구 인프라와 함께 오랜 경험도 축적되어 있는 만큼 적극 활용해야 옳다. 물론 정부출연연구소는 기초·원천기술 연구에 주력하고, 응용기술의 개발이나 상업화는 기업체들이 주도하는 역할분담이 바람직하다.

그러나 우리 현실은 많은 연구단지들이 비어 있거나 속빈 강정 식으로 비효율적인 운영을 하고 있다. 광주첨단, 전주과학, 오송 생명과학, 부산 과학단지 등 대부분의 지방 연구단지도 사정은 마찬가지다. 심지어 우리나라의 가장 대표적 연구단지인 대덕밸리마저도 많은 문제점을

표 4-1 | 대덕 밸리의 강점과 문제점

강점(잠재력)	문제점

• 강한 연구기반 형성
  - 원천기술 확보 면에서 유리
  - 우수한 연구인력 밀집
• 벤처문화 형성
  - 벤처기업이 대덕밸리를 주도
• 기술 융·복합화에 유리
  - IT 및 생명공학 연구기관 소재
  - IT 업체와 바이오 업체가 공존
	• 산업 클러스터로서 짧은 역사
	  - 교육 및 연구개발 위주로 운영
	• 원천기술의 상업화 미흡
	  - 산업화 부진(구미·마산 대비 열세)
	• 선도 대기업 부재
	  - 10여 개 중견 벤처기업이 선도기업 역할
	  - 대부분 연관효과가 적은 통신부품 및 장비 분야에 종사
	• 정부부처 간 정책조율 미흡
	• 비전 제시자로서 지자체의 역할 미흡
	• 파이낸싱 및 마케팅 등 지원 서비스 취약
	  - 지역밀착형 벤처 캐피털 부족
	• 해외네트워크 전무

안고 있다.

   이 같은 문제점을 극복하기 위해 과학기술부는 거점식 지방 연구개발 사업의 활성화를 서두르고 있다. 산·학·연 모두가 참여하는 '지역 연구개발 클러스터 구축사업'이 그것이다. 즉 지자체와 지방대학이 연구센터들을 한 곳에 집적시키거나 네트워크를 구축하고 지역특화 분야의 정부출연연구소 연구실을 유치하면, 과학기술부가 나서서 지원한다는 것이다. 과학기술부는 이를 위해 오는 2008년까지 총 20개 내외의 클러스터를 선정해 각각 연평균 50억 원씩 지원하며 지원기간에는 제한을 두지 않기로 했다. 지원조건을 보면 정부출연연구소 연구실이 주관기관이 되고, 동일 분야의 과학기술부가 지원하는 연구센터 5개 이상이 연구개발 프로젝트에 참여해야 하며, 해당지역 토착기업 2개가 반드시 참여해야 한다. 또한 지자체는 주관기관 및 참여대학과 협의해 10개 이상의 연구센터를 한 건물 또는 구역에 집적시키거나 공동연구를 할 수 있도록 네트워킹을 해야 하며, 해당 지자체 및 참여기업은 대응기금(Matching Fund)을 조성해야 한다. 과학기술부는 이를 구체화하기 위해 2004년 시범사업으로 200억~300억 원의 예산을 확보해 4~6개 클러스터를 지원할 예정이며 전국순회 설명회도 개최하기로 했다.

또 다른 전략으로 해외 유수 기업의 연구소를 국내에 유치하거나 연구협력 협정을 체결하는 방안을 검토할 수 있다. 예를 들면 IT 산업의 경우 국내시장이 매우 역동적이기 때문에 첨단기술이나 신제품을 테스트하기 적합하다는 점을 내세워 해외 연구소를 유치하는 방식이다. 최근 세계적인 반도체 제조업체인 인텔이 무선 네트워크·홈네트워크·가전칩·주파수활용 등 미래 유망분야를 연구할 아시아 연구소를 우리나라에 개설하기로 결정한 것이 대표적인 사례다. 생물·화학분야와 전자기술을 결합한 바이오칩 연구도 마찬가지다. 다양하고 방대한 데이터 수집과 분석이 필수적인 만큼 국내 연구기관이나 기업들이 공동 프로젝트에 참여해 당당히 우리 몫을 요구해야 한다. 그러다 보면 잠재력이 큰 첨단기술을 공동개발할 수 있는 기회가 반드시 생길 것이다. 우리가 현재 CDMA 이동통신의 상용화 기술에서 비교우위를 갖게 된 것도 따지고 보면, 과거 전전자교환기(TDX) 개발을 독자적으로 추진하면서 쌓은 생산기술과 개발경험을 토대로 통신기술의 발전방향에 대한 감을 잡고 있었던 덕분이다.

연구개발을 통해 차세대 성장 엔진을 효율적으로 개발하기 위해서는 정부출연연구소와 대학 외에 기업 역할도 중요하다. 특히 현재 주력사업인 '과실사업', 3~5년 뒤 주력사업이 될 '묘목사업', 향후 10년 뒤 주력사업이 될 '씨앗사업'으로 구분하고 단계별 개발전략 아래 성장 포트폴리오를 구축하는 것이 필수다.

차세대 성장 엔진 육성을 위해 LG경제연구원이 제시한 아래와 같은 5가지 황금률은 여러 모로 우리 견해와 일맥상통한다. 첫째, 미래사업은 주변사업에서 시작하라. 전혀 새로운 영역을 욕심 내기보다는 기존 사업의 잠재력을 최고로 끌어 올리려는 생각이 위험부담을 줄이고 성공확률을 높일 수 있다. 둘째, 시장의 파이를 키우는 게임을 해야 한다. 경쟁 자체를 지양하고 상호협력을 통해 전체 시장을 키우는 게 출혈 없이 성장할 수 있는 최고의 대안이다. 셋째, 아이디어를 사업으로 연계할 수 있는 시스템을 개발하라. 명확한 기준 없는 즉흥적인 투자는 밑 빠진 독에 물 붓기다. 넷째, 미래를 통찰할 수 있는 리더를 키워라. 끝으로 성장을 위한 혁신 자체가 모든 구성원의 업무로 인식될 수 있을 때 신규사업 활성화를 위한 강한 실행력이 갖춰진다. 한 마디로 현재의 주력산업을 바탕으로 이를 더 발전시켜 나가되, 혁신을 위해 조직역량을 극대화해야 한다는 것으로 요약된다.

한 가지 잊어서는 안 될 사실은 연구개발 투자에서 성과를 거두기까지는 많은 시간이 걸리는 만큼, 차세대 성장 엔진을 육성하자면 연구개발을 지금 당장 서둘러야 한다는 점이다.

연구기반이 비교적 잘 구축된 환경에서도 과학기술 투자가 성과를 거두려면 5~10년이 걸리는 경우가 일반적이다. 현재 주력산업인 자동차·선박·전자·반도체 등도 대부분 초기 투자로부터 20여 년 이상이 지나야 국제경쟁력을 확보했다는 사실을 감안하면 더욱 그렇다. 주력 수출상품인 초박막액정 표시장치(TFT-LCD)도 수 년 간의 연구 끝에 지난 1992년 개발에 성공했고, 1998년부터 세계시장에서 우위를 확보했다. 사정이 이러니 정부는 과학기술행정 및 연구개발 시스템의 통폐합과 같은 외형적 정비보다는, 현재 시스템에서 강점은 더욱 발전시키고 약점은 빨리 개선해 안정시키는 노력이 절실하다.

기존 주력산업과 시너지 효과를

차세대 성장산업을 효율적으로 육성하기 위해선 치밀한 전략이 필요하다. 이들 산업은 세계 각국이 치열한 경쟁을 벌이고 있기 때문에 발전속도가 빠른 동시에 발전방향이 수시로 변하는 등 불확실성도 높아 자칫 육성노력이 실패로 끝날 위험이 크다. 그렇지 않아도 선진국에 비해 기술수준이 떨어지는데다, 자금·인력 등 투입 가능한 자원마저 상대적으로 크게 부족한 우리로서는 '선택과 집중' 전략을 추진해야 할 필요성이 더욱 큰 형편이다. 그렇다면 당장 기존 주력산업에 응용 가능한 첨단기술 품목이 차세대 성장산업의 유력한 후보로 꼽힌다. 즉 IT, BT(바이오 기술), NT(나노 기술) 같은 차세대 첨단기술을 기존 주력산업과 접목한 분야다. 이들은 IT·전기전자 등 기존 주력산업의 경쟁력을 강화할 수 있고 차세대 첨단기술의 연구개발에 필요한 막대한 자금도 지속적으로 조달할 수 있다는 점 등에서 유리하다. 구체적으로 연료 전지 또는 하이브리드 자동차, 나노 기술을 응용한 첨단 섬유 소재, 산업용 로봇, 시스템온 칩, 디지털TV, 텔레메틱스, 홈네트워크 관련 지능형 가전제품, 유기EL FED 등 차세대 디스플레이, 차세대 셋톱박스, 2차전지 등이다. 이들 품목은 그 동안 국내기업들이 상당한 생산기술을 축적했고 세계시장에서 적지 않은 브랜드 파워를 갖고 있는 기존 주력산업과

표 4-2 | 차세대 성장동력산업 분류

순위	형태	산업부문	분류	세부 분류
1순위	주력산업	자동차	자동차 산업	지능형 연료전지(하이브리드) 자동차
		기계	디지털 기계	로봇, 고급 수치제어 기계, e-공장
		섬유·의복	산업 섬유	나노 섬유, 고급섬유
		조선	고부가 선박	대형 컨테이너선, 한국형 LNG선
		디지털 전자	반도체	지능형 시스템온 칩(SoC)
			디지털 가전	디지털TV, DMB, 가정용 로봇
			나노 부품소재	접는 LCD 디스플레이, 유기EL
	미래산업		포스트 PC	텔레메틱스
			스마트 가전	홈 네트워크
		생명과학	생명과학	화학물질 전달 시스템
			생명·IT 융합	바이오 칩
		환경·에너지	환경·에너지	연료전지
2순위	주력산업	조선	디지털 조선 설계	디지털 조선 설계
		기계	플랜트 시스템	중소형 발전 터빈, 플랜트 장비
		철강	철강	
		석유화학	최신 증류기술	최신 증류·분해처리 기술
			최신 유기재료	기능별 나노 복합체, 폴리머 필름
		디지털전자	디지털 가정기기	차세대 디지털 셋톱박스
			NIT 부품소재	센서, 전자재료, LED, 2차전지
			반도체	텔레메틱스용 칩
			스마트 가정용품	디지털 친환경 가정용기기
			포스트 PC	PDA, 착용가능 컴퓨터
			전자 의료장비	노인용 의료장비, 이동식 건강보조기
	미래산업	생명과학	바이오·IT 융합	바이오·IT 융합기기
			바이오 제품	면역 시스템 회복제, 최신 바이오 제품
		환경·에너지	환경·에너지	환경회복 시스템, 환경친화 제품
		항공·우주	항공·우주	다목적용 헬리콥터, 무인항공기
	주력산업	조선	연안 시추장비	지초대형 시추장비
		기계류	고부가가치 기계, 지능형 모듈	인공지능 건설기계, 고부가가치 염색모듈, 나노 처리 기기

순위	형태	산업부문	분류	세부 분류
3순위	주력산업	철강	철강재	초강력 철강, 무유출 제강법
		석유화학	라이신 복합체	최신 기능성 라이신 복합체, 전기기능성 유기자재
		섬유 · 의복	기능성 염색제품	디지털 염색 · 섬유자재, 다기능 섬유, 환경친화형 자재
			패션 · 디자인	지능형 섬유, 지능형 의복
		디지털 가전	반도체	e-자동차 칩, 이동성 네트워크 칩
			스마트 가전	건강보조기기
			전자 의료장비	비디오 임상기기, 한방 치료기기
	미래산업	생명과학	생명과학	세포조작, 유전자 조작
		환경 · 에너지	환경 · 에너지	태양광
		항공우주	항공우주	소형 제트기, K-FX, 다목적 인공위성
공통	서비스 산업		디자인	디지털 디자인 보강, 전국적 이미지 구축, 세계적 디자이너 양성
			유통 · 물류	가상판매 진흥(TV 홈쇼핑, 온라인 쇼핑), 디지털화/대형화, 삼각물류 진흥
			e-비즈니스	사법제도 개선, 표준화, IT 산업 진흥, 신규 비즈니스 지원(e-학습, 디지털 콘텐츠)
			서비스업	컨설팅, HR, TM, 연구 등을 통한 경영자문 활동

자료 : Potential Growth Engines of Korea, Jung Ku Park, KIET.

밀접한 관련이 있으며, 전후방 산업연관 효과 및 고용창출 효과가 크다는 강점을 갖고 있다.

그러나 우리는 환경오염 방지 및 소비자 안전, 핵심부품 및 신소재, 생물 · 화학 복합기술 등에서 여전히 취약하다. 이런 약점을 극복하고 전략적으로 파급효과가 큰 차세대 성장산업을 육성하자면, 유력한 해외기업 또는 연구기관들과의 공동개발을 적극 추진하는 동시에 국내기

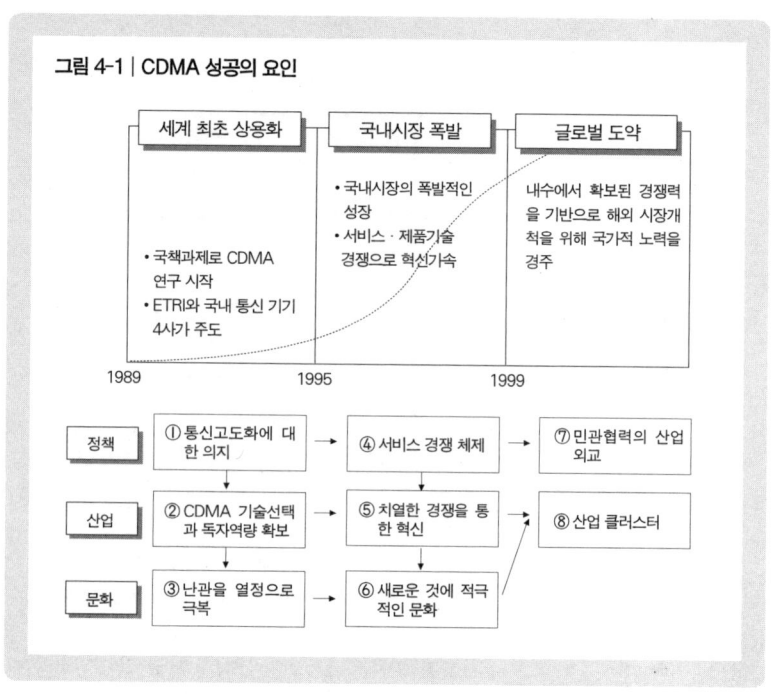

그림 4-1 | CDMA 성공의 요인

업들의 경쟁을 촉진해야 할 것이다. 그 중요성은 CDMA 상용화 경험에서 확인할 수 있다. 정부는 이동통신 분야에서 선진국들을 따라잡기 위해 상용화 단계에 접어든 TDMA 대신, CDMA 기술에 승부를 걸었다. 1991년에 원천기술을 가진 미국 퀄컴사와 기술사용계약을 맺은 뒤, 국책연구소인 전자통신연구소(ETRI)와 4개 통신업체가 함께 참가해 CDMA 상용화를 이뤄냈다. 성능은 뛰어나지만 아직 상용화 가능성이 불확실했던 CDMA에 승부를 건 전략이 대성공을 거둔 것이다. 앞으로도 기술교체기에 큰 흐름을 읽고 가장 잠재력이 큰 기술의 개발에 집중하는 전략이 필요하다. 또한 개발단계에서는 국내 연구기관과 업체들이 공동으로 참여하되 상품화에는 철저한 경쟁체제를 유지하는 산업정

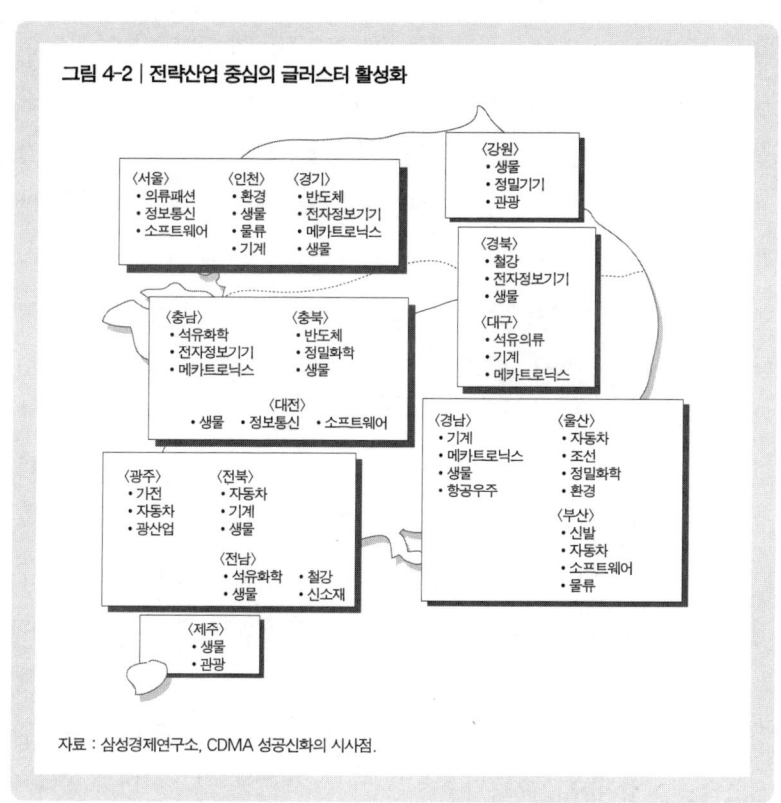

책이 중요하다.

또 한 가지 의미 있는 전략은 산업 클러스터(cluster) 형성이다. 디지털 시대의 신제품은 관련기술이 과거에 비해 광범위하고 복잡해져서 다양한 협력이 필요하기 때문이다. 미국의 실리콘밸리, 중국의 중관촌 등은 세계적으로 알려진 산업 클러스터의 예다. 산업공단은 입주기업들의 상호연관성이 약하고 주된 관심사는 싼 땅값과 우수한 물류시설 등 하드웨어 인프라에 집중된 데

산업 클러스터란 일정한 지역 안에 상호관련이 있는 업체 또는 기관들이 밀집해 있으면서 정보교류나 기술협력을 통해 시너지 효과를 이끌어낼 수 있는 산업단지를 말한다.

비해, 산업 클러스터는 입주기업들의 상호연관성이 강하고 입주동기는 기술교류 또는 기술융합 등 소프트웨어 인프라를 통해 시너지 효과 창출에 집중되는 등 서로 다르다. 우리의 산업 클러스터 실태는 여러 가지로 매우 미흡한 실정이다. 우선 기초기술을 제공하고 큰 틀의 발전방향을 제시해야 하는 지역 내 대학·연구소·공공기관의 역할이 없고, 전문기술과 핵심부품을 제공해야 하는 벤처기업 또는 지원기업들의 능력이 부족한 가운데 대기업들이 자체적으로 이 모든 기능을 뭉뚱그려 처리하는 형편이다. 전반적으로 네트워크를 통한 협력과 경쟁이 크게 부족하며 상호 연계관계가 미약한 가운데 클러스터 형성 초기에 있다고 할 수 있다.

앞으로 국내에서 본격적인 산업 클러스터를 육성하기 위해서는 구성 주체별로 각자가 역할을 분담해 최선을 다해야 할 것이다. 중앙정부는 인프라 조성과 국가차원에서의 산업정책조정을, 지방자치단체는 행정지원을, 대학과 연구소는 기초연구와 원천기술 개발을, 대기업은 원천기술을 상업화하고 요소기술을 통합하는 역할을, 중소기업과 벤처기업은 핵심부품과 요소기술 개발을 각각 나누어 맡고 나머지 업무는 모두 외주업체에 맡기는 것이 효율적이다.

벤처 육성은 시장자율에 맡겨야

차세대 첨단기술의 연구개발을 담당할 가장 유력한 후보는 역시 벤처기업이다. 실패할 가능성이 높은 대신 성공하기만 하면 그야말로 '대박'이 터지는 셈이다. 벤처기업은 대기업보다 시장변화에 유연하게 대응할 수 있고, 스톡옵션 등을 적절히 활용하면 적은 비용부담으로 특정 기술 개발에 집중할 수 있는 장점이 있다. 저명한 경제학자 슘페터가 자본주의 발전의 원동력으로 꼽은 창조적 파괴(innovation)를 수행하는 전형이

벤처기업이란 고위험·고수익(high risk, high return)을 노리는 모험기업으로서 성공할 확률이 낮고 위험도가 높은 사업을 추진해 성공하면 평균 수준보다 훨씬 많은 이익을 얻는다.

바로 벤처기업이다. 물론 대기업 연구소에서도 활발한 연구와 개발이 이뤄지고 있으나 대기업은 기존 사업에서 얻는 이익으로 R&D 부담을 견디며 연구를 계속할 수 있지만, 벤처기업은 그야말로 이노베이션 성공 여부에 모든 것을 걸고 도전하기 때문에 실패하면 도산하는 수밖에 없다. 과거에도 사막을 가로질러 차와 비단을 교역했고 미국 서부의 금광개발이나 대륙횡단 철도부설, 1920년대의 자동차산업과 라디오 방송, 1950년대 TV 방송 등이 모두 당시에는 벤처산업으로서 이들이 확고한 기반을 닦기 전까지는 수많은 실패와 엄청난 손실이 있었다. 차세대 성장산업 또는 첨단기술 개발경쟁에서 선진국보다 뒤진 우리 처지에선 이런 특성을 가진 벤처기업의 활약이 절실한 실정이다.

문제는 어떻게 해야 벤처기업들을 효과적으로 육성할 수 있느냐는 것이다. 해답은 정부와 시장이 역할분담을 하고, 국내외적으로 투명하고 개방적인 시장질서를 통해 경쟁을 극대화시키는 것으로 요약된다. 즉 정부는 전문인력 육성 또는 정보교류 촉진 등 관련 인프라 구축에 주력하고 공정한 경쟁질서를 유지하는 데 힘쓰는 대신, 유망 벤처기업에 대한 투자 여부나 자금조달조건 또는 코스닥 등록 등은 시장에서 자율적으로 결정하도록 맡겨두는 것이다. 벤처기업 성장의 핵심요소는 풍부한 전문인력, 유관기업과의 협조, 활발한 벤처 투자를 통한 자금조달 등을 꼽을 수 있다. 이 중에서도 가장 중요한 것은 두말 할 것도 없

이 우수인력의 확보다. 벤처기업은 인건비 부담을 줄이고 업무를 효율적으로 처리하기 위해 소수정예의 핵심인력만 고용하고 이들에게 스톡옵션을 주는 게 일반적이다. 벤처기업이 기술개발에 성공하거나 고속 성장할 경우 주가가 크게 오를 것이 분명하다. 이렇게 되면 스톡옵션을 받은 벤처기업 직원들은 막대한 시세차익을 얻게 된다. 하지만 기술개발에 실패하거나 근무연한 등의 조건을 채우지 못하면 스톡옵션을 행사하지 못하며, 스톡옵션 행사 당시 주가가 약정한 주식매입 가격보다 더 낮은 경우에도 시세차익을 얻을 수 없기 때문에 스톡옵션은 유명무실해진다. 결국 벤처기업의 성공 여부에 자신들의 엄청난 이해관계가 걸린 만큼 임직원들은 사력을 다할 것이다. 높은 보수를 주는 것보다 인건비 부담도 적고 우수한 직원들을 확보하기 쉬우며 직원들의 열성을 유도하기도 쉽다는 장점 때문에 스톡옵션을 많이 활용한다. 그러나 스톡옵션의 순기능을 극대화하기 위해서는 객관적인 성과측정 지표를 제시해 동의를 받아야 하며, 근속년수·회사기여도 등을 고려하여 스톡옵션을 차등화하는 등 세심하게 설계해야 도덕적 해이를 막고 인력유출을 막을 수 있다. 벤처 붐이 한창일 때 이런 원칙을 지키지 않고 마구잡이로 스톡옵션을 남발한 결과, 일부 직원들이 스톡옵션만 챙기고 또 다른 벤처기업에서 스톡옵션을 받기 위해 바로 퇴사하는 바람에 스톡옵션이 오히려 인력유출을 조장한 경우도 적지 않았다. 어쨌든 벤처 붐이 몰고 온 긍정적인 효과로 IT 산업을 중심으로 한 활발한 기술개발을 꼽을 수 있지만, 핵심인력의 중요성을 부각시켰다는 점도 빼놓을 수 없다. 과거에는 국내 굴지의 대기업 전문경영자도

스톡옵션이란 선택적 주식매입권이라고 번역하는데, 임직원들이 영업실적·기술개발·근무기간 등 사전에 약속한 조건을 충족시키면 일정한 기간이 지난 뒤 정해진 가격으로 약속받은 주식물량을 살 수 있는 권한이다.

단순한 월급쟁이일 뿐이라는 생각이 지배적이었지만, 벤처 붐이 불고 난 이후에는 전문경영인을 포함한 핵심인력에게 많은 스톡옵션을 주는 것이 당연시될 정도로 사고방식이 크게 변했다. 고도 기술사회로 갈수록 이노베이션을 주도하는 창조적인 소수의 영향력이 커지는데다, 우리처럼 천연자원이 부족한 경우에는 고급인력 양성이 더욱 절실하다.

유관기업과 긴밀한 협조도 벤처기업의 성공에 중요한 요소다.

첨단기술일수록 광범한 분야의 지식과 기술이 뒷받침돼야 하는 경우가 많다. 소수핵심 인력만으로 운영되는 벤처기업은 관련분야를 모두 포괄할 수 없기 때문에 유관기업들과의 협조가 매우 중요하다. 협력 대상과 방식은 다양하다. 시너지 효과를 낼 수 있는 업체 또는 연구소를 제휴 파트너로 삼는 게 대부분이지만 영업력을 갖추고 자금이 풍부한 대기업과 협력하는 경우도 꽤 있다. 기술개발에 성공한 뒤엔 자력으로 양산체제를 갖추는 게 쉽지 않기 때문에, 대기업과 합작투자하거나 기술매각 또는 인수합병(M&A)을 추진하게 된다. 마이크로소프트(MS)가 드물게 독자적으로 시장을 장악했지만, MS도 처음엔 대기업인 IBM의 한 협력업체에 불과했다. PC 운영체계의 중요성을 간과한 IBM의 전략적 실수, PC 시장의 급성장, 소프트웨어의 호환성과 표준화 등 복합적인 요인들이 절묘하게 맞아떨어진 덕분에 거대기업으로 발돋움한 것이다.

원활한 투자자금 조달도 빼놓을 수 없다. 벤처기업이 기술개발에 성공할지, 개발된 기술이 경쟁력이 있을지, 그리고 시장반응이 좋아 큰돈을 벌 수 있을지가 모두 불확실하다. 따라서 객관적인 벤처기업 가치평가는 누구도 정답을 모르며, 결국 투자자 자신이 결정하는 수밖에 없다. 따라서 유망 벤처기업 선별과 자금회수가 손쉬워야 벤처투자가 활성화될 수 있다. 증시가 발달된 미국에서는 나스닥 상장을 통해 투자금을 회수하는 것이 일반적이다. 초창기 벤처기업은 엔젤 투자자들에게서 투자를 받고 어느 정도 기반이 잡히면 벤처 캐피털의 투자를 받게 되며 마지막 단계로 증시에 상장되면, 투자자들은 보유지분을 팔아 투자금을 회수하고 투자수익을 얻게 되는 것이다. 한편 벤처투자는 실패할 위험이 크기 때문에 일반인의 벤처투자 참여를 적절히 제한할 필요가 있다. 미국 증권거래위원회(SEC)가 여유자금이 100만 달러 이하인 사람은 벤처투자조합 참여를 법적으로 금지하는 까닭도 일반투자자 보호 때문이다.

세계 각국으로부터 이민유입을 통한 풍부한 인재보유, 수많은 외주(outsourcing)기업 존재, 풍부한 자금을 바탕으로 한 증시 발달 등의 좋은 조건을 두루 갖춘 미국에서 벤처기업이 가장 발달한 것은 당연한 일이다. 그러나 미국도 몇 년 전 이른바 '신경제'가 위력을 떨치면서 벤처 붐이 불고 거품이 커지는 바람에 수많은 투자자들이 막대한 손실을 입은 것을 보면 벤처투자는 역시 어려운 일이다. 외환위기 이후 경제 시스템이 크게 변화한 우리 경제는 낮은 금리, 정부의 벤처 육성책, 세계적인 인터넷 열풍 등이 겹치면서 지난 몇 년 간 유례 없는 벤처 붐이 조성됐다. 그 결과 기술개발 의욕을 북돋고 전문인력의 중요성을 일깨우는 성과를 거두었으나, 다른 한편으로는 거품파열로 인한 거액의 투자손실, 사이비 벤처 기승, 도덕적 해이 조장, 한탕주의식 사행심리 만연과 근로의욕 저하 같은 부작용들이 발생했다.

그러나 따지고 보면 이처럼 큰 부작용을 겪게 된 까닭은 정부당국의 책임이 크다.

정부의 벤처기업 육성책은 효율적이지 못했고 단기간에 집중적으로 시행되는 바람에 부작용이 더욱 컸다. 특히 정부기관이 직접 벤처기업을 인증하고 정책자금을 지원함으로써 비효율과 비리를 조장한 건 잘 못이다. 코스닥이 침체된 바람에 벤처기업들이 극심한 자금난에 시달리자, 지난 2001년 선정된 벤처기업들이 발행한 사모전환사채를 담보로 자산담보부증권(ABS)을 발행해 자금을 조달한 것도 과거의 잘못을 되풀이한 셈이다. 정책금융기관인 기술신용보증기금이 100% 보증을 서는 등 모든 위험을 떠안는 바람에 벤처기업들과 투자자들의 도덕적 해이만 조장했다. 실제로 2004년이면 3년 만기가 되는데 현재 기준으로도 막대한 평가손실을 안고 있는 것으로 알려졌다. 같은 시기에 기술신용보증기금이 도입한 '벤처투자위험 보상제'도 도덕적 해이를 조장하기는 마찬가지다. 100여 개의 유망 벤처기업들을 대상으로 신용등급에 따라 투자자들에게서 계약금의 2~4%를 수수료로 받고, 3~5년의 계약기간 중 도산 또는 적자 누적으로 투자가 실패로 끝날 경우 약속한 보상금을 지급한다. 반대로 벤처투자가 성공하면 투자수익의 20~30%를 추가로 받고 투자를 받은 기업에게서도 특별출연을 받는다는 구상이다. 그러나 투자위험이 큰 경우엔 보험에 가입하고 반대 경우에는 보험에 가입하지 않을 것이기 때문에 실패할 수밖에 없다. 더 걱정되는 것은 투자위험이 큰 것을 알면서도 보험가입만 믿고 벤처투자를 남발하는 이른바 '역선택(adverse selection)' 현상이다. 벤처투자 보상제도가 보험의 기본원리에 들어맞는지도 의문이다. 보험료를 계산하고 보험수지를 맞추려면 보험물건의 위험확률에 대한 통계가 있어야 하는데, 벤처 투자의 성공 여부는 본질적으로 확률분포를 알 수 있는 위험(risk)이 아니라 누구도 알기 어려운 불확실성(uncertainty)의 영역에 속하기 때문에 벤처투자 보상제도 도입은 처음부터 무리였다. 예를 들면, 사람의 나이에 따른 사망이나 교통사고 등은 그런 사고가 일어날 위험의 확률분포를 바탕으로 보험상품을 판매할 수 있다. 설령 정부가 자금을 지원한다 해도 시장에서 조달한 금액만큼만 지원해 주는 매칭 펀드(matching fund) 방식이 옳다.

정부는 벤처기업이 원하는 전문인력, 법률 서비스, 시장정보, 마케팅 등을 제때 지원해 주는 체계구축에 주력하는 것이 바람직하다. 벤처기업이 활발한 이스라엘 같은 나라는 이 같은 지원체제가 모범적으로 잘 갖춰져 있다. 지원체제 구축도 가능하면 정부가 나서지 말고 협회를 통하거나 이해관계가 맞는 기업들끼리 자발적으로 꾸려나가는 것이 좋다. 특히 대기업과 벤처기업 간 긴밀한 협조가 절실하다. 벤처투자에 따른 위험은 투자자가 부담해야 하며 누구도 대신해 줄 수 없다. 그러나 DJ정부는 이 같은 원칙을 지키지 않고 무리한 벤처지원책을 폈다. 당국이 벤처기업을 인증하고 자금을 지원했으며 코스닥 등록을 손쉽게 해줬다. 이 같은 행태는 지원대상만 다를 뿐 과거 3공화국 때 수출기업을 정부가 앞장서서 지원한 것과 별로 다르지 않다. 지난 1990년대 이후 우리 경제의 고도성장을 주도해 온 대기업 집단이 외환위기로 크게 흔들리자, 실업해소와 경제성장의 주역으로 벤처기업을 꼽고 지원을 퍼부은 것이다. 하지만 수출지원이건 벤처지원이건, 시장논리에 어긋나는 정부의 일방적인 지원은 부작용을 불러오게 마련이라는 사실을 결코 잊어서는 안 될 것이다.

또 한 가지 강조할 것은 벤처기업을 앞세운 차세대기술 개발이 절실하고 이를 통한 신(新)성장산업 육성이 우리 경제의 미래에 중요하지만, 그렇다고 현재의 주력산업을 소홀히 해서는 안 된다는 점이다. 신기술의 중요성이 강조되면서 벤처기업이 부상했으나 생산·고용·부가가치 등 국민경제에 대한 영향력 측면에서는 아직 대기업 집단과 비교가

벤처지원 시스템 재편은 당연

| 한국경제신문 2003년 1월 30일 |

노무현 대통령 당선자가 현행 벤처지원 시스템의 전면 재검토 의사를 밝혔다고 한다. 너무나 당연한 지적이다. 기업 역사가 일천하고 변변한 실적도 없을 수밖에 없는 벤처기업에 대해, 투자자 본인이 아닌 제3자가 객관적으로 신용을 평가한다는 것은 처음부터 무리다.

더구나 기술신용보증기금(기술신보)이 100% 자기 신용으로 벤처기업에 보증을 서는 것은 도덕적 해이를 조장하고 정부출연금을 허비할 가능성이 높다는 점에서 문제될 소지가 많다고 본다.

지난 몇 년 동안 무슨 무슨 게이트 등 벤처기업과 관련된 각종 비리가 끊이지 않았던 배경도 따지고 보면 이 같은 기본원칙을 지키지 않은 탓이라고 생각한다. 신기술 개발이 국가경쟁력을 좌우하고 있는 오늘날 벤처투자는 장려해야 마땅하다. 우리처럼 국토가 작고 자원이 부족한 경우에는 더욱 그렇다.

문제는 어떻게 해야 가장 효율적으로 벤처기업을 육성할 수 있느냐는 방법론에 있다. 벤처지원 시스템은 경제적·사회적 풍토에 따라 나라마다 다르지만, 전적으로 투자자의 판단에 맡겨야 한다는 점만은 같다.

정부는 대신 공정한 경쟁질서를 유지하는 한편, 정보유통·인력수급·해외제휴 등을 위한 기반확충에 주력해야 옳다. 그러나 지금까지의 우리나라 벤처육성 시책은 정반대였다.

정부가 나서서 직접 사업성을 판단하고 벤처기업을 인증하는가 하면 정책자금을 동원해 벤처투자를 부채질했다. 그 결과 수많은 벤처투자자들이 막대한 손해를 봤고 벤처기업에 대한 신뢰까지 무너졌다.

그럼에도 불구하고 벤처 자금난을 덜어준다며 또다시 엄청난 금액의 프라이머리 CBO를 발행하는가 하면, 정보통신부가 IT벤처 투자펀드를 조성한다며 이동통신회사들에 수천억 원씩의 출연을 공공연히 강요해 물의를 빚은 건 비난받아야 할 일이다. 기술신용보증기금의 경우 재작년에 모두 2조 원에 달하는 프라이머리 CBO를 발행했는데 내년 이후 만기가 돌아오면 상당한 부작용이 우려되므로 지금부터 미리 대책을 세워야 할 것 같다.

잘못된 벤처육성 시책을 강행한 배경에는 정부당국자의 한건주의식 공명심 탓도 크다고 봐야 한다. 시장자율에 맡기는 대신 인위적으로 개입해 성과를 극대화하고 이를 정부 치적으로 내세우려는 조급함 때문에 결과적으로 일을 망치는 경우가 적지 않았던 게 사실이다.

관계당국은 당선자의 지적을 계기로 벤처 지원 시스템뿐만 아니라 경제운용 전반에 걸쳐 정부개입을 최소화할 여지가 없는지 철저히 점검해야 할 것이다.

안 된다. 이런 사정은 선진국도 마찬가지여서 벤처기업은 대기업집단이 장악하지 못한 틈새시장인 고부가가치의 신기술 개발에만 집중하고 있다. 따라서 벤처지원 시스템을 시장원리에 맞게 재정비해야 할 뿐 아니라 기업경영 투명성 제고, 객관적인 기업가치 평가 시스템 구축, 도덕적 해이 방지 등도 서둘러야 할 것이다. 이는 벤처기업 육성을 위해서는 물론 우리 경제의 경쟁력 강화와 대외 신인도 향상을 위해서도 시급한 과제임에 틀림없다.

2

시대변화의 흐름을 타자

차세대 성장산업을 육성해 우리 경제가 다시 한번 도약할 때까지는, 당분간 자동차·전자·철강·조선·석유화학 등 주력산업이 적정 수준의 경제성장과 고용을 유지해 줘야 한다. 그러나 중국경제의 급성장과 제조업 공동화 및 자동화 등으로 인해 성장과 고용의 유지가 쉽지 않은 실정이다. 따라서 다른 산업에서 부담을 나눠야 하는데, 농업이나 건설업은 경쟁력이 약하고 자체 구조조정이 시급한 형편이라 여유가 없다. 따라서 경제발전을 위해서도 갈수록 국가경제에서 차지하는 비중이 커지고 있는 서비스 산업의 효율향상과 경쟁력 강화가 매우 시급한 과제다. 지금은 산업정책의 최우선 순위가 제조업 경쟁력 강화에 맞춰져 있지만, 장기적으로는 산업구조를 선진국처럼 통신·금융·디자인·마케팅 등 고부가가치형 서비스 산업 중심으로 바꿔야 산업구조 고도화가 이뤄질 것이다. 또한 현 정부가 국정과제로 '동북아 경제중심 도약'을 내건 사실에서 알 수 있듯이 한·중·일 동북아 3국

간 경제협력이 우리 경제의 미래를 좌우할 것으로 예상된다. 특히 세계 경제의 떠오르는 별로 급부상하고 있는 중국과 시너지 효과를 낼 수 있도록 산업구조를 미리미리 조정할 필요가 있다. 이 밖에도 '삶의 질 향상'을 위해선 대대적인 공공 서비스 부문의 개혁이 필요하며, 이 과정에서 적지 않은 일자리를 만들어낼 수 있을 것으로 기대된다.

서비스 산업의 새 지평을 열자

우리 경제가 눈부신 고도성장을 거듭하던 지난 수십 년 동안의 성장 엔진은 제조업이었다. 1992~2001년까지 10년 간 연평균 제조업 생산증가율이 7.6%인 데 비해 서비스 산업은 1%포인트나 낮은 6.6%에 그쳤다는 점만 봐도 이 같은 사실을 확인할 수 있다. 취업자 1인당 부가가치 생산액도 제조업은 연평균 7.5% 증가한 데 비해, 서비스 산업은 2.3%에 그쳐 큰 차이를 보이고 있다. 그 결과 전체 부가가치 생산에서 서비스 산업이 차지하는 비중은 1980년의 52.6%에서 2001년에는 50.9%로 떨어졌다. 그러나 서비스 산업의 노동집약적인 특성으로 인해 일자리 창출에 대한 기여는 서비스 산업 쪽이 훨씬 더 크다. 2001년 현재 국민경제에서 서비스 산업이 전체 고용에서 차지하는 비중은 62.4%로 제조업의 19.7%보다 3배 이상 높다. 지난 1980년 이후 20여 년 간 연평균 고용증가율 역시 서비스 산업이 4.7%로, 제조업의 1.7%에 비해 3배 가까이 차이가 난다. 이 같은 특성은 서비스 산업의 생산성이 제조업에 비해 낮은 탓이라고 풀이된다.

이 같은 특징은 1992~2002년 간 자료를 이용한 재정경제부 분석에

표 4-3 | 제조업과 서비스업의 기여도(1995년 가격 기준)

구 분		1980	1985	1990	1995	2000	2001	연평균 증가율
부가 가치	제조업	22.3	24.8	28.0	29.2	33.8	33.2	9.3
	서비스업	52.6	51.0	50.4	51.0	50.5	50.9	7.1
고용	제조업	21.6	23.4	27.2	23.5	20.2	19.7	1.7
	서비스업	37.0	42.3	46.7	54.3	61.1	62.4	4.7

자료: New Growth Engines : The Service Industry in the Korean Economy, KIET, 2003.7.

서도 확인된다. 즉 산업별 고용 탄성치는 서비스업이 0.56%로 제조업 -0.21%, 농림어업 -3.25%에 비해 월등히 높았던 것으로 집계됐다. 고용 탄성치가 높을수록 산업 성장

고용 탄성치(elasticity of employment)란 한 산업의 성장이 얼마만큼의 고용을 창출하는가를 나타낸 것으로 '취업자 증가율/GDP(국내총생산) 증가율'로 산출한다.

에 비해 취업자 수가 많은 것을, 낮을수록 산업 성장에 비해 취업자 수가 적은 것을 나타낸다. 그렇다면 최근의 심각한 실업사태를 완화시키기 위해서도 서비스 산업의 성장이 더욱 절실하다. 주5일 근무제가 본격적으로 시행되면 문화·관광·레저 등 서비스 산업이 크게 활성화될 것인데, 일부 민간 경제연구소에서는 주5일제 도입으로 여가산업에 대한 수요가 10% 늘어나 65만 개의 새로운 일자리가 생길 것으로 전망하고 있다.

지난 1980년대 말부터 제조업의 고용비중이 낮아지기 시작한 걸 보면 우리나라도 이미 탈산업화 현상이 상당히 진행됐다고 봐야 한다. 탈산업화란 경제 전체에서 제조업이 차지하는 상대적 비중은 계속 낮아지는 데 비해 서비스업 비중은 높아지는 현상을 의미한다. 탈산업화가 급격히 진행될 경우 성장률 둔화와 구조적 실업증가, 소득불균형 심화

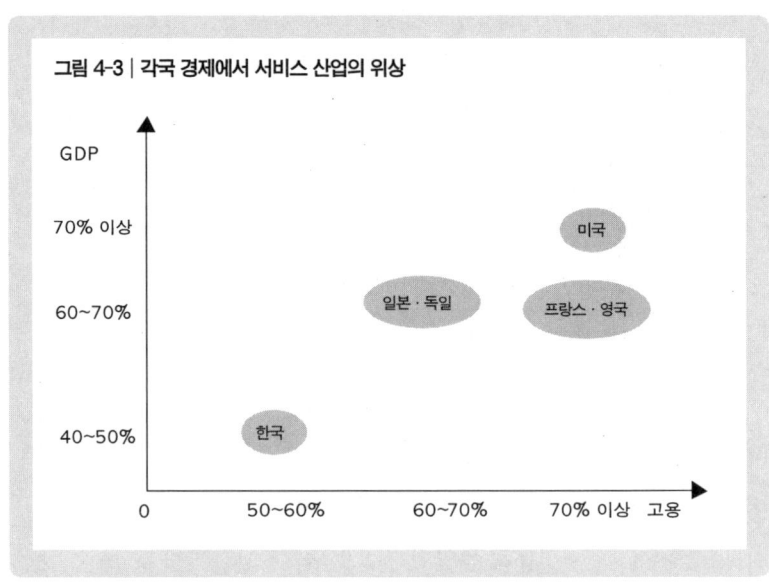

등과 같은 부작용이 우려되는 만큼, 이를 최소화하기 위한 대책이 절실하다. 구체적으로 ① 서비스 산업 중 정보통신·금융·유통 등 생산성 상승속도가 빠르고 성장기여도 역시 높은 분야를 집중적으로 육성하며, ② 노동과 자본시장의 유연성을 높이고, ③ 서비스 산업에 대한 진입장벽을 없애고 시장개방을 확대함으로써 경쟁을 촉진하며, ④ 행정규제 철폐, 사회안전망 확충 등 대대적인 공공 서비스 개혁을 단행해야 한다.[1]

선진국들은 서비스 산업의 구성이 달라지고 서비스 산업과 제조업의 관계가 밀접해지는 등 적지 않은 변화를 겪었다. 전통적인 서비스업인 도·소매, 음식료, 숙박 대신 정보통신, 금융 서비스, 관광·레저 등

---

[1] 박현준, 우리나라 탈산업화 현황과 대응방안, 한국은행, 금융경제연구, 2003. 3.

이 크게 성장한 것이 대표적인 예다. 국내 서비스산업의 구성을 보면, 2001년 현재 도·소매업이 18.8%로 가장 크고 부동산 및 임대업이 15.3%, 금융·보험이 12.6% 순이지만, 성장률은 정보통신이 19.1%로 가장 높고 문화산업이 9.8%로 두번째를 차지해 선진국형 변화를 보이고 있다. 정보통신, 금융 서비스 등 생산성이 높고 중간수요율이 높은 신흥 서비스 산업이 급성장함에 따라 경제 전체에 상당한 영향을 미칠 것이 분명하다. 예를 들어 서비스 산업은 제조업에 비해 생산성과 중간수요율이 낮아 생산유발 효과가 작기 때문에 서비스 산업의 비중이 커지면 경제성장률이 둔화되는 게 일반적인데, 신흥 서비스업의 부상으로 이런 현상에 변화가 예상된다.

경제의 서비스화 현상도 주목해야 할 일이다. 전체 산업에 대한 서비스 산업의 중간투입 비중이 1985년 22.3%에서 1998년에는 28.2%로 높아진 것은 생산과정의 서비스화가 꾸준히 진행되고 있음을 보여주고 있다. 특히 제조업에 대한 서비스 산업 투입계수는 5% 상승한 데 비해, 서비스 산업에 대한 서비스 산업 투입계수는 51%나 상승해 서비스 생산의 서비스화가 뚜렷하다. 한편 서비스업 생산이 제조업 생산을 유발하는 효과는 강화된 반면, 제조업 생산이 서비스업 생산을 유발하는 관계는 약해지고 있다. 결과적으로 제조업의 경쟁력도 서비스 산업에 크게 의존하게 된 셈이다. 기업경쟁력도 과거에는 얼마나 좋은 기계설비를 갖추고, 인건비를 얼마나 절감하느냐가 중요했지만, 이제는 얼마나 고도화된 기술을 갖추고 정보를 잘 활용해 시장에서 신뢰를 받느냐에 좌우된다. 제조업과 서비스업 간 상호의존적인 관계 심화는 혁신과정에서도 확인되고 있다. 혁신은 기술 혁신과 비기술 혁신으로 나뉘는데, 경제현상이 복잡해지고 소프트화되면서 갈수록 비기술 혁신, 즉 서비스 혁신의 중요성이 커지고 있는 것이다. 반대로 비기술 혁신의 부상은 기존시장을 파괴하고 새 시장을 형성하는 획기적인 기술혁신을 바탕으로 촉발되고 있다. 예를 들어 이동통신의 비약적인 발전은 기존 유선통신산업의 원가절감, 품질향상과 같은 통상적인 기술혁신을 무의미하게 만든다. 대신 참신한 마케팅 전략, 전략적 의사결정, 치열한 모험정신 등과 같은 비기술 혁신이 매우 중요해진다.

이런 점들을 종합하면 효율적인 전략수립과 정책지원만 뒷받침될

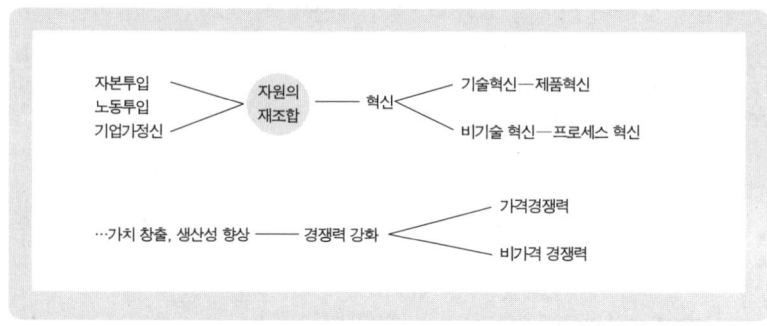

경우 국내 서비스 산업도 선진국처럼 성장할 수 있는 잠재력이 풍부하다고 판단된다. 그렇다면 국내 서비스 산업의 획기적인 발전을 위해 무엇을 어떻게 해야 할 것인가? 우선 기존 주력산업인 제조업과 관련이 깊은 정보통신, 금융 서비스, 운송·보관 등의 서비스 산업을 집중적으로 육성해야 할 필요가 있다. 이들 서비스 산업의 발전은 제조업 경쟁력 강화에 그대로 직결되기 때문이다. 하지만 서비스 산업을 육성한다고 과거처럼 정부가 나서서 자원을 집중적으로 투입하고 진입장벽을 쌓아 보호하는 방식은 결코 바람직하지 않다. 서비스 산업이 시장논리에 따라 자생적으로 성장할 수 있도록 불합리한 제도를 개혁하고, 시장 여건을 개선하며, 이를 바탕으로 경쟁을 촉진하는 정책을 시행해야 옳

다. 우선 불합리한 제도를 개혁하고 규제를 완화하는 일이 가장 시급하다. 지난 5월과 9월에 연이어 터져 나온 화물연대 파업으로 인한 물류 마비 사태만 봐도 그렇다. 지입제라는 낙후된 제도로 인해 불필요한 사회비용이 엄청난데 지금까지도 이 제도가 시행된 것은 일종의 진입장벽이라고 볼 수밖에 없다. 그 동안의 연구에 따르면 서비스 산업의 진입규제는 제조업에 비해 월등히 높은 것으로 조사됐다. 유통·물류 등에는 진입장벽이 상대적으로 높고 오래 전에 철폐된 가격 및 영업규제가 일부 전통적인 서비스 산업에서는 아직도 잔존해 있다. 이 밖에도 중소기업 고유업종 지정 등에 따른 진입제한, 조세·금융지원 차별, 공익성을 내세운 입지제한 등 많은 규제가 서비스 산업의 성장을 가로막고 있는 것이 사실이다.[2]

또한 경영투명성을 높이고 시장개방을 확대함으로써 경쟁을 촉진하고 산업 활력을 높일 필요가 있다. 많은 서비스 산업이 영세한 자영업자들로 구성돼 있기 때문에 소비자들로부터 신뢰를 받지 못하고 소비자보호도 미흡한 실정이다. 부동산중개업의 경우 일정한 규모 이상의 부동산 중개회사로의 통폐합을 적극 유도하고 시장경쟁을 촉진하는 것이 바람직하다. 전력·통신·철도 등 기본적인 서비스 산업을 공기업이 장악함으로써 독과점 및 방만한 경영에 따른 폐해가 오랫동안 누적돼 있는 문제를 해결하기 위해 공기업 민영화를 서둘러야 한다. 그 동안 전력·철도 등에서는 노조를 중심으로 강력히 반발하고 있어 민영화 추진에 어려움이 많았다. 그러나 이들 공기업의 경영효율이 낮고, 이동통신·고속버스 등 강력한 경쟁업종이 존재하기 때문에 민영화를

---

2) 김휘석, 서비스산업의 성장동력화 전략, 산업연구원, KIET 산업경제, 2003. 2.

표 4-4 | 우리나라의 항목별 서비스 수지(2002년)

(단위 : 100만 달러)

구분	수입		지출		항목별 수지
	금액	비중	금액	비중	
운수	13,072.6	46.4	10,680.0	29.9	2,392.6
여행	5,293.8	18.8	9,067.6	25.4	-3,773.8
통신 서비스	421.9	1.5	774.9	2.2	-352.2
보험 서비스	41.6	0.15	564.0	1.6	-522.4
특허권	826.2	2.9	2,978.7	8.3	-2,152.5
사업 서비스	5,244.8	22.2	10,695.7	29.9	-4,450.9
정부 서비스	1,062.1	3.8	458.6	1.3	603.5
기타 서비스	1,179.6	4.2	384.5	1.1	795.1
서비스 총계	28,142.6	100.0	35,603.2	100.0	7,460.6

자료 : 한국은행.

포함해 획기적인 경영개선 조치가 불가피하다고 본다. 이로써 이들 공기업은 물론이고 관련산업 전체의 혁신과 성장이 가능하며, 더 나아가 물류비용·에너지 비용 등의 절감을 통해 제조업 경쟁력 강화도 기대할 수 있다.

시장개방을 통한 경쟁촉진도 단계적으로 추진돼야 할 것이다. 전세계적으로 서비스 교역이 갈수록 증가하고 있는데, 2001년 연간 세계 서비스 교역규모는 약 1조 4,600억 달러 정도로서, 세계 상품교역의 19.4% 수준이다. 2005년 초부터 발효될 예정으로 현재 논의가 진행되고 있는 세계무역기구(WTO) 도하 개발아젠다(DDA) 협상이 타결될 경우, 큰폭의 서비스 시장 개방이 불가피해져 세계 서비스 교역의 규모가 훨씬 더 커질 것으로 전망된다. 2002년에 우리나라는 74억 달러의 서비스 수지 흑자를 보여 2001년에 35억 달러, 2000년엔 29억 달러의 적자를 기록한 데 비해 상당히 개선됐다. 항목별로는 여행·통신·보험·특허권 사용·사업 서비스 등에서 지속적으로 적자를 내고 있어 이 부문의 경쟁력 강화가 시급히 요망된다. 특히 선진국들은 통신, 금융, 관광·레저, 사업 서비스 등의 서비스 부문에 집중적인 투자를 하고 있어 서두르지 않으면 이들 부문에서 더욱 격차가 벌어질 가능성이 크다. 투자증대·인력개발·생상성 향상 등이 이뤄지려면 진입장벽 제거와 단계적 시장개방을 통한 경쟁촉진이 선행돼야 한다. 그래야만 서비스 산업이 우리 경제의 성장에 걸림돌이 되지 않는 것은 물론이고, 더 나아가 성장 엔진으로 역할을 다할 수 있을 것이다.

'약속의 땅', 동북아 경제권

현 정부가 '동북아 경제중심'을 국정과제로 내세우자 일반인들의 관심이 커지고 있지만 그 의미가 무엇인지, 어떻게 실현할 것인지 등에 대해 논란이 분분한 실정이다. 일부에서는 우리나라가 '동북아 경제중심'이 될 수 있느냐고 의아해하며, 심지어는 냉소적인 반응을 보이기조차 하고 있다. 그러나 '중심'의 뜻을 '거점(hub)'으로 풀이한다면 전혀 문제될 게 없다. 거점(hub)이란 흐름이 거쳐가는 길목이라는 뜻이다. 세계 2위 경제대국이고 세계 최고의 제조업 경쟁력을 가진 일본, 세계 경제의 떠오르는 샛별로 엄청난 잠재력을 자랑하는 중국을 하나로 묶을 수 있다면 유럽연합(EU) 및 북미자유무역지대(NAFTA)에 버금가는 막강한 경제권이 될 게 확실하다. 따라서 우리 경제가 동북아 경제권의 거점을 지향하는 건 지리적으로나 경제적으로 봐도 당연한 목표라고 할 수 있다. 중국, 일본, 한반도, 러시아의 연해주와 시베리아 지역, 그리고 몽골을 포괄하는 동북아는 경제적 상호보완성이 강한 이른바 '자연경제(natural economy)'로 꼽힌다. 중국의 엄청난 노동력과 몽골·시베리아의 풍부한 천연자원, 일본의 막강한 기술과 자본력, 한국의 경제개발 경험과 역동적인 정보통신산업 등이 하나로 어우러지면 대단한 시너지 효과를 낼 것으로 기대되고 있다. 물론 남북분단 및 북한의 핵개발로 인한 군사적 대치, 중국·러시아 일본의 상호간 불신, 중국과 대만 간의 긴장 등으로 인해 넓은 의미의 동북아 경제권 형성에는 상당한 시간이 걸리겠지만 한·중·일 3국 간 경제협력만으로도 국내외 경제에 엄청난 파급효과를 발휘하기에 충분하다. 따라서 동북아 경제권은 우리 경제 도약에 없어서는 안 될 '약속의 땅'인 셈이다.

문제는 '동북아 경제중심'의 내용이 무엇이냐는 것이다. 구체적으로 물류중심이냐, 아니면 금융중심이냐를 놓고 많은 논쟁이 벌어졌다. 물류중심을 주장하는 쪽은 동북아 허브 공항을 노리는 인천 신공항, 세계 3위의 컨테이너 취급 항구인 부산항을 비롯해 인천·광양·평택·군산을 통한 해상운송, 남북철도, 더 나아가 시베리아 횡단철도 등과 연결해 유럽까지 이어질 육상운송망 등을 활용해 동북아 물류중심을 지향해야 한다고 주장한다. 물류중심을 이룩하자면 금융기능도 당연히 뒷받침돼야 하겠지만, 금융중심을 목표로 하는 것은 실현 가능성이 높지 않다고 본다. 이에 대해 금융중심을 주장하는 그룹은 동북아 경제의 거점이 되려면 당연히 금융중심을 지향해야 한다고 본다. 물류기능에만 집중해서는 '거점(hub)' 역할을 할 수 없으며, 금융을 비롯한 복합적인 서비스가 이뤄져야 하는 만큼 처음부터 금융중심을 지향하는 것이 옳다고 반박한다.

　양쪽 주장 모두 일리가 있지만 실현 가능성이라는 측면에서 볼 때 우선은 물류중심에 주력하는 것이 좋다고 본다. 기초적인 여건이 어느 정도 갖춰져 있고 물동량 처리에 따른 부가가치를 높이기 위한 보험·가공·포장·보관 등 소프트웨어 정비도 구체적인 일정과 설계에 따라 추진이 가능한 일이다. 이에 비해 금융중심은 도쿄·홍콩·싱가포르와 같은 기존의 아시아 지역 금융중심지 외에도 급부상하고 있는 상하이 등과 치열한 경쟁을 해야 하는데다, 추진단계가 가시적이지 않다는 문제가 있다. 금융중심이 되려면 금융·외환거래에 대한 모든 규제를 철폐해야 하고 외국인 거주와 이동이 완전히 자유롭게 이뤄져야 하는데, 홍콩과 싱가포르는 중계무역항으로서 이런 조건을 충족시키는 데 전혀 문제가 없다. 또한 도쿄나 상하이는 막강한 배후산업 또는 배후시장이 있다는 점에서 우리보다 유리하다. 서울도 노력할 수는 있지만 그에 따른 부작용도 적지 않아 한계가 있다. 게다가 물류중심이 전국에 걸쳐 경제적 파급효과를 미치는 데 비해, 금융중심은 가뜩이나 포화상태인 서울의 과밀화를 더욱 악화시키기 쉽다. 거듭 강조하지만 물류중심을 지향한다고 해서 금융환경 정비를 도외시한다는 뜻은 아니며, 다만 우선순위가 그렇다는 얘기다.

　그렇다면 동북아 경제중심을 이루기 위해 무엇을 해야 하는가? 하나는 동북아 경제협력을 확대·강화하는 것이고, 다른 하나는 국내산업을 비롯한 경제 시스템을 대대적으로 정비하는 것이다. 동북아 경제중심을 지향하는 배경은 우리 경제의 성장을 촉진하자는 데 있는 만큼 동북아 경제협력의 확대·강화는 당연한 전제조건이다. 현재 거론되고 있는 구체적인 경협과제로 무역·산업, 금융·외환, 물류·서비스, 환

자유무역협정(FTA)이란 국가 간 또는 지역 간 상품과 서비스 무역을 촉진하기 위해 관세를 없애고 비관세장벽을 제거하기로 약속하는 협정으로서 경제통합의 첫 단계에 해당한다.

경·자원 분야에 걸쳐 한·중·일 자유무역협정(FTA) 체결, 정보통신산업 협력, 아시아통화기금(AMF) 창설, 시베리아 횡단철도의 연결, 이르쿠츠크 가스전 개발 및 가스관 건설 등이 추진되고 있다.

제2차 세계대전 이후 세계경제를 주도하던 브레턴우즈 체제가 크게 흔들리자 EU, NAFTA 등 지역경제 공동체가 부상했고 다른 나라들도 앞다퉈 FTA를 체결했다. 그 결과 2002년에는 FTA를 통한 무역비중이 세계무역의 40%나 될 정도로 FTA가 많아졌고, 지금까지 FTA를 하나도 맺지 않은 나라는 한국·중국·대만 정도에 불과한 형편이다. 외환위기 이후 동아시아 경제협력의 필요성이 커지자 그 중 하나로 한·일 FTA가 논의돼 왔다. 한·일 FTA를 체결할 경우 우리나라의 대일 무역수지적자가 더욱 커질 것이라는 우려가 많은데, 대신 일본기업의 한국에 대한 직접투자가 크게 늘어날 것이라는 기대도 적지 않다. 그러나 규모의 경제와 외부효과 같은 FTA에 따른 긍정적인 영향은 참가국이 많고 범위가 넓을수록 큰데다 일본의 주도권 행사를 견제하기 위해서도 최근엔 중국을 포함한 한·중·일 FTA가 급부상하고 있다. 한·중·일 FTA의 경우 한국은 일본에, 중국은 한국에, 다시 일본은 중국에 무역수지적자를 나타내고 있어 어느 한쪽의 무역수지적자가 일방적으로 늘어날 가능성은 그리 높지 않으며 역내교역이 크게 증가할 것으로 기대된다. 전면적인 FTA가 어렵다면 한국·중국·일본의 경제특구나 지유무역지대가 먼저 자유무역을 시행하고 단계적으로 각국 내 대상지역을 확대해 나가는 방안이 현실적이다.

물론 FTA 체결이 결코 쉬운 일은 아니다. 앞서 지적한 정치적 불신

표 4-5 | 한 · 중 · 일 FTA 전후 역내교역 비중의 변화

구 분	한 · 중 · 일 FTA 이전			FTA 이후(예측)	
	1977	1989	1999	2015	2025
한국	23%	22%	20%	47%	66%
일본	6%	9%	13%	14%	22%
중국	21%	16%	20%	29%	32%

자료 : 오용석, 한 · 중 · 일 FTA 당위성과 동북아 변수, 동북아경제연구, 14권 3호, 한국동북아경제학회, 2002.

과 군사적 긴장 외에도 농산물시장 개방을 둘러싼 갈등, 대미 수출의존과 역내분업 미성숙 등 장애요인이 적지 않다. 당장 농업 구조조정이 큰 문제다. 우리와 농업문제가 별로 심각하지 않은 칠레와의 FTA에서도 3년여의 협상기간 중 2년 반 정도를 농업협상에 소비했으며, 농업피해 대책이 미진하다는 이유로 아직도 국회에서 비준안이 처리되지 못하고 있는 형편이다. 농업은 토지가 필수불가결한 생산요소인데다 규모의 경제를 누리기 어렵기 때문에 제조업에 비해 상대적으로 채산성이 좋지 않다. 따라서 농업은 전통적으로 비교역 부문으로 분류돼 시장개방에서 예외조치를 받아왔다. 그러나 미국 · 아르헨티나 · 호주 등 농산물 수출국들은 세계무역기구(WTO) 뉴라운드에서 농산물시장 개방을 추진하고 있다. 한 · 중 · 일 FTA에서도 농산물 수출에 비교우위가 있는 중국은 한국과 일본을 압박할 것이 분명하다. 중국도 외국산 농산물 수입이 늘어남에 따라 중국 내 농촌실업이 급증하는 등 어려움이 많아 농산물시장 개방에 적극적이지만은 않은 실정이다.

농업 아닌 다른 산업에서도 협력을 확대 · 강화하는 것이 쉽지는 않다. 일본이 10년 넘게 장기불황에서 벗어나지 못하고 있으며 우리도 외

표 4-6 | 세계 정보통신산업에서의 한·중·일의 위상

순위	생산규모(2002년)			수출규모(2000년)		
	국가	금액(억 달러)	비중(%)	국가	금액(억 달러)	비중(%)
1	미국	2,476	24.7	미국	1,003	12.4
2	일본	1,965	19.6	일본	978	11.2
3	중국	842	8.4	싱가포르	711	8.2
4	한국	639	6.4	한국	555	6.4
5	대만	423	4.2	대만	550	6.3

자료 : 현대경제연구소, 동북아 IT허브 가능성 분석, 지식경제, 2003 2/4.

환위기 이후 최악의 불황에 시달리고 있다. 중국도 고도성장을 하고 있지만 농촌인구의 도시유입, 국유기업 구조조정에 따른 대량실업, 부실채권 급증에 따른 금융부실 등 내부적으로 어려운 문제가 많다. 게다가 동북아 3국은 대미 수출의존도가 높기 때문에 한·중·일 FTA에 미국을 포함시키는 방안도 진지하게 검토해야 할 것이다. 그러나 정보통신산업과 같이 시장이 빠른 속도로 커지고 있고 통신기기 표준화가 산업발전과 시장확대를 위해 절대적으로 필요한 경우에는 협력의 여지가 크다고 할 수 있다. 정보통신산업이 한·중·일 3국 경제에서는 물론 세계 정보통신산업에서도 매우 큰 비중을 차지하고 있고 경제성장을 선도하고 있다는 사실을 감안하면 더욱 그렇다. 단적인 예로 한·중·일 3국이 힘을 합하면 차세대 이동통신방식의 결정을 주도할 수 있다.

동남아 국가연합(ASEAN)과 한·중·일 3국은 지난 2000년 11월 태국 치앙마이에 모여 외환위기 재발을 막기 위한 금융·외환협력 원칙(CMI)에 합의하고 계약 건당 통화 스왑 규모를 2억 달러에서 10억 달러

로 늘렸다. 이에 따라 2003년 4월까지 모두 240억 달러에 달하는 12건의 통화 스왑 계약이 체결됐다.

스왑 방식, 스왑 규모 및 기타 세부사항은 스왑 계약을 체결한 두 나라의 사정에 따라 다양하게 결정된다. 또한 각국 여유자금을 역내 채권시장 육성을 위해 활용하는 방안을 적극적으로 모색하고 있

> 통화 스왑(swap)이란 계약을 맺은 어느 한 나라 중앙은행이 외환시장 안정 등 필요한 경우에 자국통화를 담보로 맡기고 그 금액만큼의 달러를 상대국 중앙은행으로부터 지원받아 사용한 뒤 나중에 갚는 내용의 계약을 말한다.

표 4-7 | 한국의 지하경제 규모 추정치

구분	한국	일본	중국
한국	-	20억 달러(2001. 7. 4) 일본이 지원함	20억 달러(2002. 6. 24) 상호지원 방식
일본		-	
중국		30억 달러(2001. 3. 28) 일본이 지원함	-
태국	10억 달러(2002. 6. 25) 상호지원 방식	30억 달러(2001. 7. 28) 일본이 지원함	20억 달러(2001. 12. 6) 중국이 지원함
말레이시아	10억 달러(2002. 7. 26) 상호지원 방식	10억 달러(2001. 10. 5) 일본이 지원함	10억 달러(2002. 10. 9) 중국이 지원함
필리핀	10억 달러(2002. 8. 9) 상호지원 방식	30억 달러(2001. 8. 30) 일본이 지원함	(계약서 작성 중)
인도네시아		30억 달러(2003. 2. 17) 일본이 지원함	
싱가포르		(협의 중)	

자료: 류창호, 동아시아 금융협력의 추진현황과 과제, 한국은행 외환국제금융리뷰, 2003. 5.
* 우리나라와 말레이시아는 이와는 별도로 미야자와 플랜에 따른 기존의 통화 스왑 50억 달러와 20억 달러를 유지함.
** ASEAN 회원국들 간에는 10억 달러 규모의 통화 스왑이 발효 중이며 별도의 양국 간 통화 스왑 계약은 체결하지 않음.

다. 또한 지난 1997년 9월 당시 일본의 미야자와 대장상이 1,000억 달러 규모의 아시아통화기금(Asia Monetary Fund : AMF) 창설을 제안했고, 2001년 10월 동아시아 비전그룹이 '동아시아 차입협정'과 '동아시아 통화기금' 설립을 제안했다. 환율안정을 위해 주요국 통화로 구성된 통화 바스켓에 역내 통화가치를 연동시키는 방안과 유럽통화제도(EMS)와 같은 아시아통화제도(AMS)를 창설하는 방안 등이 연구되고 있다.

반 세기 동안 끊어진 남북한 철도를 잇고 이를 다시 시베리아 횡단철도(TSR)와 연결시키는 사업은 우리나라가 동북아 물류거점으로 발돋움하려는 노력을 상징하는 프로젝트다. 이 사업계획이 실현되면 그 동안 전적으로 해상운송에 의존했던 동북아와 유럽 간의 화물수송이 일대 변혁을 겪게 될 것이 분명하다. 철도수송이 가능해지면 경쟁을 통해 수송비 인하와 수송 서비스 향상은 물론이고 교역량 증대도 기대된다.

또한 러시아는 TSR 위상강화와 시베리아 지역경제의 활성화를 통해 엄청난 이익을 누릴 수 있다. 중국횡단철도(TCR)와 연결되면 중국도 낙

표 4-8 | 노선 및 구간별 물류비용 상호비교

구분	TSR		해상운송		TCR	
	비용(달러)	시간	비용(달러)	시간	비용(달러)	시간
부산-바르샤바	1,188	18일	2,250	28~31일	1,590~1,710	36일
부산-벨라루시아	967(500)	17일	1,500	28일	2,100	35일
부산-모스크바	1,822(787)	15일	2,130	30일	1,950	31일
부산-타슈켄트	1,950	23일	2,050	29일	2,400	26일

자료 : 러시아 철도부 철도전문지 GUDOK, 2000. 4. 19; 성원용, TKR-TSR 연결의 의의와 파급효과, 동북아경제연구, 제14권 3호, 2002에서 재인용.

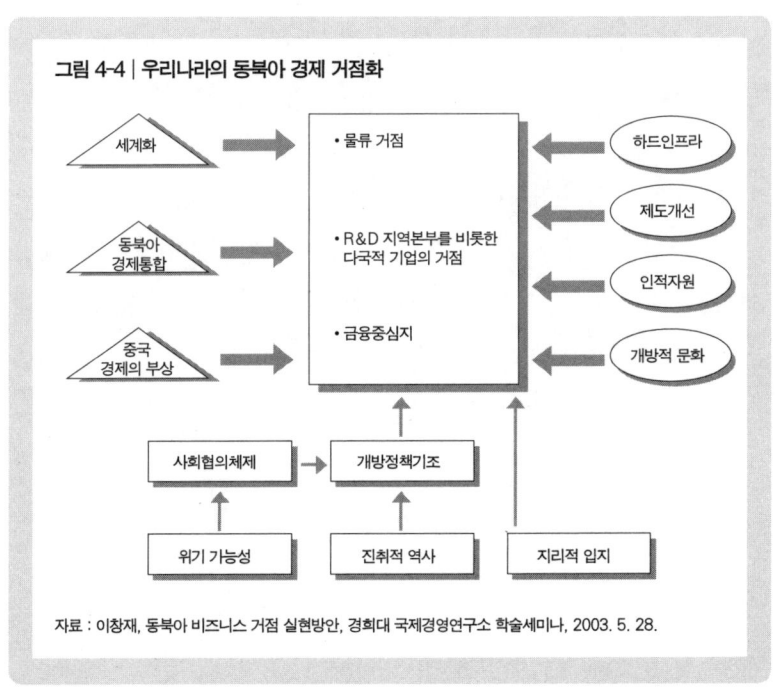

후된 동북 3성의 경제성장을 촉진시킬 수 있을 것으로 예상된다. 연결철도의 기착지인 부산항이 동북아 화물 수송 센터로서 독보적인 위치를 차지하게 될 것은 너무나 당연하다. 남북한 철도와 TSR의 연결은 주변 국가들의 물류비용을 크게 떨어뜨리고 물동량을 획기적으로 확대하는 것은 물론이고 최종적으로 동북아 경제공동체 형성을 촉진할 것이다.

이같이 막대한 성장잠재력을 가지고 있는 점 외에도, 차세대 성장산업을 육성하기 전까지 취약하고 불안정한 우리 경제를 버텨줄 든든한 밑받침이라는 점에서 동북아 경제는 각별한 의미를 갖고 있다. 철강·석유화학·조선·반도체·정보통신 등의 기존 주력산업은 수출의존도가 높고 해외 경기변동에 취약하다는 한계가 있다. 현재 미국·일본·

유럽 등 세계경제가 침체돼 있는 가운데 중국만 거의 유일하게 호황을 보이고 있으며 앞으로도 상당 기간 고도성장을 지속할 것으로 예상되는 만큼, 우리의 동북아 의존도는 높아질 수밖에 없다. 게다가 구조적인 경제위기 요인이 잠복해 있는데다 계층 간 양극화 현상이 심화돼 당분간은 어떻게든 적정 수준의 성장을 지속해야 할 형편이다. 강한 성장 압력을 해소하면서 동시에 차세대 성장산업을 육성하자면 동북아 경제를 적극 활용해야 한다. 그러자면 사회 인프라를 정비하고 제도를 개선하며 인적자원을 개발하는 등의 조치를 서둘러야 마땅하다. 그렇지 않으면 우리 경제는 중국의 급성장에 휘말려 자칫 좌초되기 쉽다는 점을 명심해야 할 것이다.

공공 서비스를 제대로 하라

삶의 질 향상을 위해 그 동안 고도성장의 그늘에 가려 거의 방치됐던 환경·의료·사회복지 등 공공 서비스의 대대적인 개혁이 시급한 실정이다. 특히 외환위기 이후 우리 사회의 계층 간 양극화 현상이 심화되면서 이 분야는 그 역할이 갈수록 중요해지고 있으나, 열악한 현실에서 많은 문제를 안고 있다. 당장 손대야 할 부분만 해도 국민연금·의료보험·산재보험·고용보험 등 4대 보험의 재정건전화를 비롯해, DJ정부에서 사회적으로 큰 분란을 일으켰던 의약분업 개선, 그리고 기초생활 보호대상자의 확대 등 한두 가지가 아니다. 그러나 개혁방향에 대해선 현재 두 개의 서로 다른 견해가 날카롭게 대립해 있다. 하나는 정부가 중심이 돼서 공공 서비스를 대폭 확대·강화해야 한다는 주장이고, 다른 하나는 취약한 재정형편상 가능한 한 시장논리를 적용하고 정부개입을 최소화해야 한다는 견해다. 어떻게 하면 공공 서비스를 효율적으로 시행할 수 있느냐는 당면과제에 대해 접근하는 방식이 이렇게 다른 것은 사회철학의 차이 때문이라고 할 수 있다. 단순화하면 전자는 유럽식 관점이고, 후자는 미국식 방식이다. 유럽식은 기본권 차원에서 충분한 사회복지를 당연시하고 정부가 중심이 돼서 전국민을 대상으로 하는 무차별적인 복지 시스템을 구축하되, 이 시스템을 유지하기 위해 소득의 상당 부분을 사회복지세를 비롯한 각종 세금으로 징수한다. 이에 비해 미국식은 정부개입은 최소한에 그치고 나머지 부분은 시장논리에 따라 각자가 자율적으로 해결하도록 하고 있다. 우리 사회는 매우 동질적이며 최선의 공공 서비스를 제공한다는 명분으로 봐도 유럽식이 보다 바람직한 것은 사실이다. 다만, 그렇게 하자면 막대한 재원이 필요한 만큼 세금을 많이 걷거나 아니면 다른 수입이 있어야 하는데 우리는 그렇지 못하다는 점이 문제다. 당장 자영업자나 전문직 종사자의 정확한 소득파악이 어려운데다 행정의 투명성과·효율성에 대한 불신이 높아 사회보장을 위한 재원조달에 필요하다며 세금공세를 벌일 경우에, 과연 얼마나 많은 국민들이 지지할지도 의문이다. 한 마디로 이상은 좋지만 정책의 실행 가능성(feasibility)이 크게 떨어진다는 한계가 있다. 유럽식을 지지하는 쪽은 세제·복지행정 등의 개혁은 어차피 필요한 만큼 연금재정 문제도 시간이 지나면 해결될 수 있을 것으로 낙관하는 경향이 있지만, 우리 사회의 급격한 노령화를 감안하면 남은 시간이 별로 많지 않다는 생각이 든다. 따라서 국민연금 지급연령을 늦추고 지급액을 낮춰 재정건전화를 꾀하는 노력도 필요하지만, 언제까지고 이런 식으로 계속 버틸 수도 없고 국민들의 불신만 깊어지는 만큼 보다 근본적이고 전면적인 개혁조치를 검토할 때가 됐다고 본다. 즉 미국식으로 퇴직 전 소득의 3분의 1 정도만 국민연금으로 충당하고, 3분의 1은 퇴직금 또는 기업연금으로 충당하며, 마지막 3분의 1가량은 개인연금 등으로 채움으로써 정부·기업·개인이 노후보장을 분담하는 방안이다. 의료보험도 부유층이나 중산층 이상은 각자의 선호도를 반영한 민간보험을 구입하도록 허용하고 저소득층은 저렴한 가격으로 표준적인 의료 서비스를 받는 공영 의료보험에 가입하게 하는 이중경로 체제(two tier system)를 검토할 만하다. 산재보험도 대기업들이 민간보험으로 전환하고 중소기업들은 정부 주도 산재보험에 가입할 수밖에 없게 된다. 이 경우 저소득층을 위한 의료보험이나 중소기업들이 가입하는 공영 산재보험은 재정지원을 받아 안정적으로 운영하며, 영세민들에게는 재정이나 공공기금에서 100% 지원하는 의료지원을 제공한다. 이렇게 하면 각 계층의 만족도가 높아지고 의료보험 재정도 건전해져 영세민들에게도 실질적인 도움이 되리라고 본다. 보건의료행정도 수익을 목적으로 하는 민간의료법인을 인정하지 않는 등 현실과는 동떨어진 구석이 많아 개혁이 필요한 실정이다.

우리 사회의 저소득층을 지원하기 위한 사회복지 시스템의 확대·강화도 서둘러야 한다. 무엇보다 먼저 사회복지 예산을 늘리고 사회복지사 수를 크게 늘려 현장 파악부터 제대로 하는 것이 시급한 형편이다. 저소득층 자활지원 등 사회적 취약계층의 안전망 구실을 해온 사회복지관이 만성적 재정부족으로 위기를 맞고 있다. 서울시의 경우 2002년 91개 사회복지관에서 제공하는 각종 서비스를 받은 서울 시민은 연인원으로 따져 1,250만 명에 이르는 것으로 알려졌다. 그런데도 정부 지원금은 사회복지관 운영예산의 절반에도 못 미치고 있다. 나머지는 지역교육 프로그램 등을 운영함으로써 충당해 왔으나 최근에는 이마저도 어려워져 문제다. 예산뿐 아니라 전담인원도 크게 부족하다. 보건복지부가 2003년 2월 실시한 사회복지 전담공무원 인력관리실태에 대한 서면조사 결과를 보면 15개 시·군·구의 617명 전담 공무원 중 27.4%인 169명이 주민등록 전출입, 쓰레기단속 등 다른 업무를 맡고 있는 것으로 나타났다. 지방직 9급 공무원인 사회복지 전담공무원은 현재 6,700여 명 정도인데 이들은 읍·면·동 단위에서 공공복지 서비스 대상자를 조사·선정, 저소득가구 자활지원, 장애인과 노인에 대한 지원업무 등을 담당하고 있다. 동사무소에서 단 3명의 사회복지사들이 900가구의 가정조사·관리, 각종 행정업무, 공식행사, 민원업무 등을 담당하는 경우가 적지 않다. 그런데도 지자체들이 인력부족을 핑계로 이들에게 다른 업무를 떠맡기고 있는 건 한심한 일이다. 이러니 사회복지 행정이 현실과 동떨어지거나 수박 겉핥기식인 게 당연한 결과인지 모른다. 복지시설 운영을 민간 복지법인에 위탁해 각종 비리가 끊이지 않는 것도 같은 맥락으로 풀이된다. 사회적으로 큰 물의를 일으켰던 '사회복지법인 에바다 복지회'에서 드러났듯이 정부보조금 유용, 입소금 강요, 후원금 유용, 법인을 담보로 한 부동산 투기, 수익사업의 불법 전개, 자활작업장 편법 운영, 관할 관청과 결탁 등 수없는 비리를 저질렀고 심지어는 인신매매나 폭행 등 인권유린 사태까지 불러일으켰다. 이 모든 것이 정부의 사회복지에 대한 무관심 탓이라고 할 수 있다. 정부는 사회복지사 수를 대폭 늘림으로써 사회복지 강화와 일자리 창출을 동시에 꾀해야 할 것이다.

끝으로 사회복지를 포함한 공공 서비스 확대·강화가 경제성장을 저해하거나 부정적인 영향을 미친다는 잘못된 선입견을 하루 빨리 버려야 한다. 세계적으로 유례가 없는 급속한 출산율 저하 및 노령화로 노동력 감소가 우려되는 터라 보육시설 확대와 노인복지 강화, 노인과 장애인 고용촉진, 창업지원 등은 사회안정을 위해선 물론이고 경제성장에도 유용하다는 점을 알아야 한다. 그러나 아직도 정부나 기업들은 이 문제의 심각성을 깨닫지 못하고 대책들도 형식적인 수준에 그치고 있는 실정이다. 예를 들면, 2002년 3월 보건복지부와 노동부, 여성부 3개 부처가 맞벌이 부부의 육아문제를 해결하겠다며 △가정에서 3명 정도의 아이를 돌보는 가정보육모제도 도입, △부모들이 내는 보육료 상한선의 각 시도 자율 결정, △야간과 휴일, 24시간 운영제의 특수보육시설 지원 등을 핵심으로 하는 범정부 차원의 '3·6 보육종합대책'을 내놓았으나 제대로 이행되지 않고 있는 것이 대표적이다. 최근에도 정부는 출산율 저하를 우려해 세번째 자녀를 둔 가구에 대한 소득공제 확대 등의 대책을 발표했지만, 사교육비 부담 등을 감안하면 별다른 효과를 기대하기 힘들다고 본다. 공정한 경쟁을 통해 경제성장을 촉진하되 경쟁에서 탈락한 사람들에게는 최소한의 인간적인 생활을 보장해 줄 수 있는 효율적인 공공 서비스 시스템을 하루 빨리 구축해야, 우리 사회의 안정과 경제도약이 가능하다고 생각한다.

제5부

한국경제
도약의 길

1

위기를 기회로 바꾸자

현재 우리 경제가 직면한 위기상황이 심각한 것은 사실이지만 그렇다고 미리부터 좌절하거나 포기할 필요는 없다. 위기는 또 다른 기회라는 말도 있듯이, 잘만 하면 국민소득 2만 달러 시대를 여는 도약의 계기가 될 수도 있다. 풍요한 생활을 누리고 있는 선진국들 중 지금 우리가 직면한 위기에 못지않은 난관을 극복하고 오늘에 이른 경우가 적지 않다. 그 중에서도 스웨덴·핀란드·네덜란드·아일랜드 등 이른바 '강소국'들은 여러 모로 우리와 비슷해 철저히 벤치마킹할 필요가 있다. 특히 전통적으로 유럽을 대표해 온 강대국인 독일과 프랑스가 장기침체로 고전을 면치 못하는 것과는 대조적으로, 이들 강소국은 상대적으로 뛰어난 경제적 성과를 거두고 있어 더욱 주목할 만하다.

벤치마킹 대상인 '강소국'들

소규모 개방경제란 한 나라의 경제가 해외무역·국제금융 등 대외거래에 크게 의존하지만, 세계시장 점유율이 낮아 국제가격에 영향력을 미치지는 못하는 경제를 말한다.

우선 이들은 경제학에서 말하는 '소규모 개방경제(small open economy)'라는 점에서 우리와 공통점이 있다. 따라서 세계경제의 환경변화에 신속하게 적응해야만 살아남을 수 있으며, 자국 경제규모가 작기 때문에 대외지향적일 수밖에 없다. 또한 강력한 경쟁력을 가진 거대기업들을 키워낸 것도 비슷하다. 핀란드의 노키아, 스웨덴의 에릭슨 ABB, 네덜란드의 필립스, 셸, ING 등은 모두 세계적으로 저명한 거대기업들이다. 또한 이들은 우리처럼 나라가 작고 부존자원이 별로 없으며 부지런하고 우수한 인력이 유일한 자원이라는 점도 같다. 그 중 인구가 가장 많은 네덜란드도 독일 인구의 5분의 1에 불과하며 면적은 독일의 10분의 1에 불과하다. 더구나 네덜란드는 국토의 4분의 1을 바다를 간척해 만들었다. 핀란드도 국토의 4분의 3이 산림으로 이루어져 있을 만큼 자연환경이 척박하다. 강소국들은 지정학적으로도 우리와 닮음꼴이다. 이들은 한편으로는 영국·독일·프랑스 등 지중해 연안의 강대국을 옆에 두고 있고, 다른 한편으로는 우크라이나·헝가리·폴란드 등 동유럽 약소국들을 끼고 있다. 일본과 중국이라는 강대국과 인도네시아·말레이시아·태국 등 동남아 개발도상국들이 주변에 있는 우리와 비슷하다.

그렇지만 이들은 연간 3만 달러 안팎의 1인당 국민소득 수준을 달성한 선진국이라는 점에서 10년째 1만 달러 선에서 벗어나지 못하고 있는 우리와 분명히 다르다. 1990년대 초반까지만 하더라도 유럽을 대표하던 독일과 프랑스를 제치고 강소국들이 전면에 부상하게 된 배경은 무엇일까? 이들은 1980년대~90년대 초반에 맞은 위기상황을 국민 모두가 한마음으로 뭉쳐 극복하고, 오히려 국가경쟁력 강화의 계기로 활용했다.

특히 이 과정에서 글로벌화·디지털화·지역화 등과 같은 시대적 흐름에 맞게 법과 제도를 고치고, 첨단기술 확보와 작은 정부 실현을 추구했다. 그 결과 이들은 다른 나라들보다 앞서 규제 없는 나라, 기업하기 좋은 나라로 탈바꿈했고 덕분에 다국적 기업들로부터 거액의 투자를 유치할 수 있었다.

기업에 대해 적극적으로 서비스를 제공하는 정부 시스템도 눈여겨 볼 대목이다. 스웨덴은 하루 24시간 1주일 내내 쉬지 않고 행정 서비스를 제공하는 '24/7 운동'을 전개했고, 핀란드는 기업설립 허가에 필요한 시간을 지난 1996년의 6주에서 최근엔 2주로 대폭 단축했다. 이들은 유럽대륙식과 영미식을 절충해 대외개방적이며 노동시장 유연성이 높은 독자적인 경제 모델을 갖고 있다. 예를 들면, 핀란드는 기업의 경쟁력 강화 경험을 국가경제 전체로 확산시키기 위해 총리 직속기구인 '과학기술정책이사회'에 기업임원을 참석시키고 있다. 이러니 이들 나라가 미국에서 시작된 디지털 혁명을 유럽에서 가장 먼저 받아들인 것은 우연이 아니다. 정보화 지수만 봐도 스웨덴 1위, 핀란드 3위, 네덜란드 7위를 각각 기록하고 있다.

이제 우리는 당면한 경제난을 극복하기 위해 이들 강소국을 벤치마킹할 필요가 있다. 구체적 사례로 〈한국경제신문〉, 〈프레시안〉, 〈한국일보〉 등 언론에 소개된 아일랜드와 네덜란드의 위기극복 과정을 살펴보기로 하자.

아일랜드 기적에서 배운다

20세기 중반까지만 해도 '서유럽의 지진아' 아일랜드가 '켈틱 타이거'로 거듭난 '리피 강의 기적'을 이뤄낸 원동력은 무엇일까. 가장 큰 요인으로는 노·사·정 대타협이 꼽힌다. 지난 1960~70년대 아일랜드는 노사분규로 몸살을 앓았다. 20년 동안 연평균 58만 5,102일(개별 사업장의 파업시간을 모두 더한 것)을 파업으로 날려보냈다. 공장이 가동되는 시간보다 멈춰 있는 시간이 많았으니 경제상황이 어떠했을지 두말 할 필요도 없다. 지난 1987년 실업률이 17%에 육박하고 인플레이션이 평균 12%를 기록했으며 국내총생산(GDP) 대비 국가채무는 125%나 됐다. 더 이상 물러날 곳이 없다는 위기감이 팽배했다. 급기야 총리실 산하의 국가경제사회위원회(NESC)가 임금인상을 3년 간 2.5%대로 묶고 법인세 감면폭을 넓힌다는 내용의 전략보고서「국가 재건 프로그램」을 제출했다. 노조는 "나라가 사는 게 우선"이라며 NESC의 정책에 동참했고, 야당이었던 아일랜드 통일당(Fine Gael)의 앨런 듀크스 총재도 집권당의 대폭적인 재정삭감안에 대해 초당적인 협력을 약속했다. 이것이 '탈라 전략'이다. 1987년 10월 노·사·정은 NESC가 제안한 국가재건 프로그램을 바탕으로 '사회연대협약(Social Partnership)'에 합의했다. 노조는 임금인상 요구를 자제했고, 정부는 실질임금이 줄지 않도록 제도적인 기반을 마련했다.

아일랜드 정부는 무엇보다도 일자리 창출이 급선무라고 판단하고 외국기업 유치에 나섰다. 먼저 법인세를 10%로 낮췄다(2003년 12.5%로 인상). 인접 유럽국가들의 30~40%에 달하는 법인세율에 비춰볼 때 파격적이었다. 또한 주요 국가와 이중과세방지 협약을 체결했고 공장설

비와 건물·토지 구입비용의 25~35%를 정부가 지원해 줬다. 유럽의 가장 서쪽에 위치해 '유럽으로 통하는 관문'이라는 홍보도 강화했다. 산업개발청(IDA)은 건축개발·허가·승인과 환경통제·허가를 제외한 전권을 갖고 외국기업들이 공장입지 선정부터 회사등록까지 한 곳에서 해결하도록 했다. 수도 더블린의 윌튼 플레이스 거리에 위치한 '윌튼 파크 하우스'에 IDA가 있는데, 여기에는 아일랜드의 손꼽히는 법률회사인 휘트니무어앤켈러와 세계적인 컨설팅 회사 프라이스워터하우스쿠퍼스(PWC)가 함께 입주해 있어 인·허가에서부터 법률 및 경영자문까지 외국인 투자관련 업무를 한 건물 안에서 처리할 수 있게 했다. 아일랜드 정부가 외국기업 유치에 얼마나 심혈을 기울이고 있는지를 보여주는 단적인 사례다.

아일랜드는 중공업 기반이 없어 대신 금융회사와 IT 기업을 유치하는 데 초점을 맞췄다. 더블린 시내 동쪽 커스텀 하우스 독에 위치한 더블린국제금융센터(IFSC). 15만 평 규모의 부지에 건립된 이 초현대식 종합금융센터에는 메릴린치, 시티뱅크, 스미토모은행, AIG 등 전세계 약 430여 개의 금융기관들이 입주해 있다. IFSC를 통해 조성된 펀드는 3,377건이고 이들 펀드의 순자산가치는 3,000억 유로에 달한다. IFSC에는 사무실은 물론이고 호텔·레스토랑·공연장까지 갖춰 최상의 입지조건을 제시하고 있다. 아일랜드는 IT 개발 및 제조기지로도 각광받고 있다. 마이크로소프트, IBM, 인텔, 델 등 300여 개 다국적 IT 회사들이 진출해 있어 '유럽의 실리콘밸리'로 불릴 정도다. 실제로 유럽에서 팔리는 컴퓨터 4대 중 한 대는 아일랜드에서 만들어진다. 소프트웨어는 무려 60%가 아일랜드 산이다. 선 마이크로시스템스는 미국이 아닌 더블린의 유럽센터에서 자바 등 전략 품목을 개발하고 있다. 미국의

MIT 공대도 더블린에 R&D 센터를 지었다. 현재 아일랜드에 진출해 있는 외국기업은 1,200여 개, 이들 기업에 고용된 인력은 모두 13만 4,000여 명에 달한다. 아일랜드 경제에서 차지하는 외국기업의 비중은 GDP의 35%, 수출의 75%를 차지하고 있다. 외국기업을 빼놓고는 아일랜드 경제를 논할 수 없을 정도다. 따라서 외국기업과 토종기업 간 차별은 전혀 없다. 정부에 대한 목소리도 똑같이 낸다. IBM 현지법인 사장이 아일랜드 경제인연합회(IBEC) 회장을 맡고 있을 정도다.

1987년을 기점으로 아일랜드 경제는 급속히 안정을 찾아갔다. 1995~2000년까지 평균 경제성장률은 9.9%로 EU 평균 경제성장률의 3배를 넘었다. 국가채무도 50%로 뚝 떨어졌다. 17%를 넘나들던 실업률은 2001년에 3.9%까지 낮아졌다. 1987년 1만 달러에도 못 미치던 1인당 국민소득은 불과 8년 만에 2만 달러를 넘었고, 2001년에는 3만 1,000달러를 넘었다. 그러나 짧은 기간에 급성장하다 보니 후유증도 적지 않다. 우선 인플레이션이 심상치 않다. 1990년대 2%대를 유지하던 소비자 물가지수가 2000년에 5.3%로 뛰었고, 2001년과 2002년에도 4%대를 이어갔다. 1990년대 평균 0.6% 정도밖에 되지 않던 임금상승률도 2000년 4.6%, 2001년 3.3%를 기록했다. 집값도 폭등해 더블린의 사무실 임대 가격은 $1m^2$당 641유로로 경쟁 도시인 암스테르담과 브뤼셀의 두 배나 된다. 해외경기 변화에 지나치게 민감하다는 것도 아일랜드의 경제가 안고 있는 취약점 중 하나다. 특히 IT 경기가 급격히 침체하면서 아일랜드 경제는 직격탄을 맞았다. 2000년 사상 최고를 기록했던 경제성장률(11.5%)이 이듬해엔 6.0%로 곤두박질쳤다. 2002년에는 3.6%로 더 낮아졌다. 다국적 기업을 끌어들이는 일자리를 만드는 데만 치중했기 때문에 도로나 철도 등 사회기반시설이 선진국 수준에 크게 뒤지는 것도 문제다. 스위스 국제경영개발원(IMD)의 2003년 국가경쟁 보고서에 따르면 아일랜드의 철도·도로·항공 등 교통시설은 10점 만점에 4.74점으로 비교 대상국 29개국 가운데 꼴찌다. 세계적인 IT 회사들을 대거 유치해 뒀지만 정작 인터넷 접속 안정도는 5.93점으로 최하위 수준이다. 아일랜드 정부도 2000~06년 국가개발계획(NDP)을 세우고 사회간접자본 확충에 223억 6,000유로를 투입키로 결정했다.

그러나 아일랜드 경제는 현재 보다 근본적인 도전을 받고 있다. 다른 유럽국가들에 비해 값싼 양질의 노동력이 풍부하다는 점을 내세워 외국기업을 끌어들여 왔는데, 그 동안의 고속성장으로 인해 임금이 크게 상승한데다 동유럽이 EU 시장으로 편입되면서 점차 경쟁력을 잃어가고 있는 것이다. 1990년부터 아일랜드에서 네트워크 장비부품을 생산해 온 미국계 다국적 기업 3Com은 최근 아일랜드에 R&D 센터만 남기고 생산공장은 중국 또는 멕시코로 옮길 것으로 알려졌다. 이 회사는 현재 종업원이 700명 수준이지만, R&D 센터 인력 50여 명을 제외하고 나머지는 일자리를 잃게 됐다.

프랑스의 산업용 전자부품 업체인 슈나이더사도 26년 간 운영해 온 아일랜드 공장(종업원 315명)을 비교적 임금수준이 낮은 동유럽의 체코로 이전키로 결정했다. 미국 켈우드사도 생산비용 상승을 이유로 현지 스포츠 양말 공장을 폐쇄키로 결정했으며, 루슨트와 델 등도 생산시설의 일부를 다른 국가로 이전했거나 이전을 추진 중이다. 외국 투자기업들의 철수가 이어지자 아일랜드는 2003년 들어 20년 만에 가장 높은 4.5%대의 실업률을 기록하고 있다.

아일랜드 정부는 대책으로 산업구조 고도화를 추진하고 있다. IDA는 바이오, 제약산업, R&D 센터 등 고부가가치 산업을 적극 유치할 예

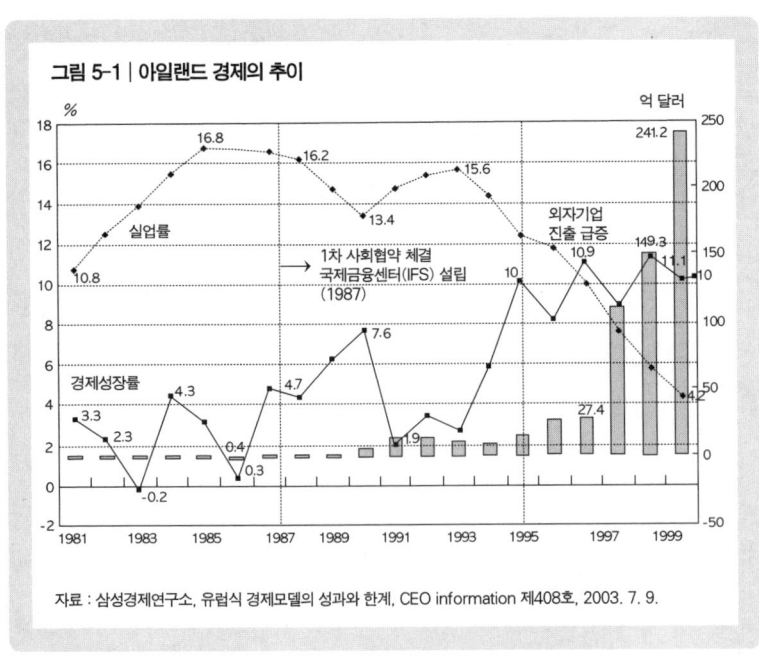

정이다. 산업통상고용부 장관을 겸하고 있는 메리 하니 부총리는 자문 단체인 '기업전략그룹'에 대해 6개월 안에 향후 10년 동안 아일랜드가 성장을 유지할 수 있는 구체적인 청사진을 제시하라고 주문했다. 위기감을 반영한 듯 2003년 초 경신된 새 사회연대 협약에서는 '지속 가능한 진보(Sustaining Progress)'라는 타이틀을 붙였다. 3년 간의 임금인상 수준을 명시해 온 그 동안의 협약과 달리 이번에는 향후 18개월 동안의 임금인상 가이드라인만 제시했다. 협약은 또 인플레이션 억제를 위해 정부가 적절한 범위에서 가격통제 등 필요한 조치를 취할 것을 요구했다. 아일랜드가 이런 도전과 위험을 어떻게 극복할지 차분하게 지켜봐야 할 것이다.

네덜란드 경제 이래서 강하다

네덜란드는 작지만 강한 나라다. 인구가 1,600만 명으로 남한 인구의 3분의 1밖에 안 되고 국토도 남한의 절반 남짓 하지만, 2000년 기준으로 1인당 국민소득 2만 4,900달러(세계 18위), 연간 교역규모는 8,910억 달러(2001년 기준)로 세계 9위다. 금융그룹 ING, 전자회사 필립스, 석유회사 셸, 다국적 식품회사 유니레버 등 세계적 기업들이 즐비하며 국제화훼시장의 60%를 석권했고 씨앗 종주국의 자리를 차지하고 있다.

지난 1980년대 초만 해도 네덜란드는 각종 규제와 노사분규의 악순환을 벗어나지 못한 유럽의 문제아였다. 지난 1984년 당시 실업률은 17%까지 치솟았고 성장률은 0%대에 그쳤으며 정부지출은 GDP의 60%에 육박했다. 하지만 현재는 '국가경쟁력 세계 4위'(스위스 국제경영개발원), '사업최적지 1위'(영국 〈이코노미스트〉), '경제자유지수 4위'(〈월스트리트 저널〉) 등의 찬사를 받고 있다. 그 원동력은 우리나라의 노사정위원회에 해당하는 '사회경제위원회(SER)'다. SER는 각각 11명씩의 노조대표와 경영자대표, 그리고 정부가 임명하는 공익대표로 구성된다. 1982년 정부·고용주·노조는 규제완화, 해고 자제와 안정적 투자, 생산성 향상과 임금인상 자제(연간 2.5% 이내 인상)를 약속하는 '바세나르 협약'을 맺었다. 안정된 노사관계를 기반으로 기업들은 유휴인력을 적극 흡수해 유럽에서 실업률이 가장 낮은 국가로 거듭나는 폴더(간척지) 모델이 탄생된 것이다.

네덜란드 경제는 개방적이며 수출주도형이다. 국내 생산(3,805억 달러)의 50% 이상을 수출하고 있다. 또 최근 3년 간 3%대의 건실한 성장세를 유지, EU의 경제모범으로 평가받고 있다. 특히 유럽지역이 평균

10%대의 높은 실업률에 허덕이고 있는 데 비해 네덜란드는 1990년대 초반 이후 계속 5% 미만의 낮은 실업률을 유지해 왔다. 영국〈이코노미스트〉지는 "네덜란드가 시장 중심의 영·미식 모델과 사회보장을 중시하는 유럽대륙식 모델을 훌륭하게 절충해 냈다"고 찬사를 보냈다. 네덜란드 출신으로 현재 유럽중앙은행(ECB) 총재인 빔 두이젠베르크는 네덜란드 경제가 강한 배경으로 △건실한 재정운영, △사회보장혜택 축소, △노동시장의 유연성 등을 꼽았다. 이 중에서도 노동시장의 유연성을 가장 큰 이유로 꼽을 만하다. 비정규직 비율이 높다는 점은 네덜란드 고용구조의 특징이다. 전체 노동자의 3분의 1이 비정규직이다. 리처드 프리먼 하버드대 경제학 교수는 네덜란드를 '세계 유일의 비정규직 경제'라고 규정하기도 했다. 비정규직의 시간당 임금은 정규직의 80%대 수준인데 대체로 큰 불만은 없다고 한다. 그 이유는 여성들이나 청년들이 가사, 대학원진학·자기계발 등 다양한 이유로 비정규직을 선호하는데다, 비정규직 일자리가 많고 노동장애수당 등을 받을 경우 생계유지에 큰 어려움이 없기 때문이다. 비정규직 노동자 숫자는 16%에서 30%로 늘었고 전체 노동시간에서 차지하는 비중도 9%에서 19%로 커졌다. 이에 비해 정규직의 비중은 88%에서 74%로 줄어들었다. 이렇게 비정규직이 많아진 배경에는 경제성장과 함께 서비스 산업의 비중이 커지고 있는 것 외에, 네덜란드 경제의 특성도 작용하고 있다. 잘 알려진 것처럼 네덜란드는 전통적으로 상업이 발달한데다, 물류산업이 발달해 유럽의 관문 역할을 하고 있기 때문이다. 비정규직 일자리가 많고 노동시간이 짧다 보니 임금인상률은 상대적으로 낮다. 1979~97년 사이 노동생산성은 연평균 36%나 오른 데 비해, 시간당 실질임금은 6% 오르는 데 그쳤다. 이러니 국제경쟁력이 강화되는 건 당

연하다. 또한 공공지출을 삭감하고 지나친 사회보장혜택을 축소하는 등 재정운영이 건실한 것도 네덜란드 경제의 큰 강점이다. 네덜란드 정부는 지난 1996년, 그 동안 사회보장비에서 지출되던 병가보조금을 기업부담으로 전환시킴으로써 보조금 지출을 25%나 줄였다. 또한 노동장애 판정을 엄격히 함으로써 노동장애수당 지급을 줄이고, 대신 기업으로 하여금 생산성 향상을 위해 각종 인센티브를 제공하도록 유도했다. 사회보장비 삭감 덕분에 재정적자가 줄어든 건 물론이고, 네덜란드 정부는 세금도 줄여 기업경쟁력을 강화했다. 세계은행에 따르면 GDP 대비 세수비중이 1993년 46.1%에서 1995년 42.9%, 1998년 42.5%로 계속 떨어졌다. 독일이나 프랑스에선 세금부담이 평균 2.6% 늘어난 것과는 대조적이다. 끝으로 주요 수출시장인 독일의 마르크화에 네덜란드 길더화 환율을 연동(peg)시킨 것도 수출지향적인 네덜란드 경제에 상당히 긍정적인 영향을 미친 것으로 분석되고 있다.

그러나 네덜란드 경제에도 단점이 전혀 없는 건 아니다. 제일 큰 문제는 노·사·정 합의에 바탕을 둔 협의체제가 내외환경 변화에 취약하다는 점이다. 예를 들어 경제사정이 좋으면 강력한 노조가 언제든지 임금인상을 요구해 올 수 있는 것이다. 사실 1982년의 바세나르협약도 당시 최악의 경제상황에 위기감을 느낀 노조가 부득이 협조적인 자세를 취했기 때문에 가능했다. 기업수익을 노동과 자본이 어떻게 분배할 것인가 하는 점도 결정하기 어려운 문제다. 생산성·인플레이션 등의 추이를 살피고 다른 나라의 임금수준과도 비교해 봐야 하겠지만, 결국은 경제사정 및 노·사 간 힘의 대결이 불가피하다. 또한 비정규직 비중을 크게 함으로써 노동시장 유연성을 높이는 전략에도 한계가 있다. 우선 상업적 전통 때문에 비정규직에 대한 시민들의 거부감이 적기는

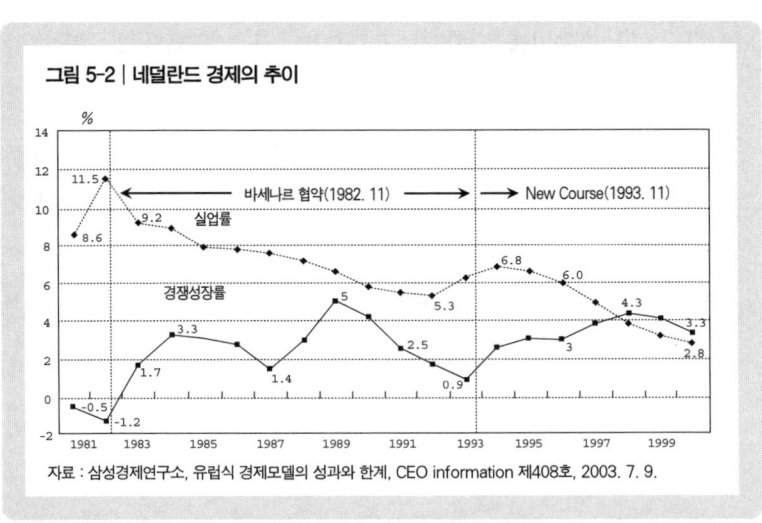

하지만 이 모형을 다른 나라에 적용하기는 어렵다. 더구나 1년 이상 장기 실업자 수는 전체 실업자의 절반 이상이며, 6개월 이상 실업자는 전체의 5분의 4에 달해 비정규직 일자리만으로는 구조적인 장기실업을 치유하기 어려운 것으로 분석되고 있다. 게다가 새로 생기는 직장도 임금이 낮은 임시직 일자리가 대부분인데, 이는 학교를 졸업하고 취업하기를 원하는 청년층에게 별로 반갑지 않은 현상임에 틀림없다.

끝으로 네덜란드에서 사업을 하고 있는 박영신 보나미텍스 국제그룹 회장이 네덜란드의 위기극복 과정을 분석하고 우리사회에 권하는 아래와 같은 충고(〈한국일보〉 2001년 1월 16일자 참조)는 시사하는 바가 많다고 생각돼 인용해 본다.

첫째로 신용과 신뢰를 바탕으로 형성된 튼튼한 시민의식과 신용사회다. 네덜란드는 원래 모든 것을 협의체를 구성해 결정하는 '협의주의' 전통이 강했다. 17~18세기 국제무역을 주름잡았던 '동인도회사' 역시 각 도시상인들의 협의체에 의해 경영됐다. 정부·기업·근로자의 신뢰가 임금삭감 및 구조조정 등 고통분담을 가능케 해 경제위기를 극복할 수 있었다. 어떤 경제 모델을 추구하더라도 신뢰를 바탕으로 한 시민의식이 뒷받침해 주지 않으면 그야말로 사상누각에 지나지 않을 것이다. 둘째는 정치와 경제를 분리하여 철저하게 실리를 챙기는 발상이다. 네덜란드와 독일의 역사적 관계는 한국과 일본의 관계만큼이나 침략과 지배라는 단어로 얼룩져 있다. 하지만 네덜란드인들은 유럽 최대시장인 독일을 철저히 연구했다. 그 결과 네덜란드의 하이네켄 맥주가 맥주의 본고장인 독일에서 가장 인기 있는 맥주로 자리잡았고, 네덜란드 치즈와 낙농제품, 그리고 채소와 꽃들이 독일시장을 거의 점령하다시피 하고 있다. 아시아 최대시장인 일본과 중국을 옆에 둔 우리로선 본받아야 할 점이다.

셋째, 한국은 아시아 경제통합을 염두에 두고 아시아 단일통화에 대한 구체적 비전과 투명한 원칙을 세워야 한다. 네덜란드인이 어떻게 유럽중앙은행(ECB)의 초대 총재가 될 수 있었을까. 한국은 네덜란드를 중심으로 한 베네룩스연합이 유럽공동시장의 모태가 됐다는 역사적 사실을 참고해 남북한 경협 모델을 정립하는 등 아시아 경제통합 및 단일통화 창출에서 주도적인 역할을 수행해야 한다.

넷째, 네덜란드는 다국적 기업 본부가 가장 많이 위치하고 있는 나라중 하나다. 구걸하는 거지도 영어와 독일어를 할 수 있을 정도로 세계화한 언어수준과 외국기업에 대한 세제·행정 지원으로 외국자본을 유치한다. 한국은 영어는 물론 일본어·중국어를 구사하여 다국적 기업과 외자 유치에 필요한 언어능력과 소양을 가진 인력을 확보해야 한다. 권위주의에 사로잡혀 있는 관료조직의 대대적인 개혁이 시급함은 두말 할 필요가 없다.

마지막으로 세계의 모든 공장이 네덜란드의 공장이요, 모든 나라가 네덜란드의 시장이라는 글로벌 경영의식이다. 네덜란드의 비즈니스맨들은 세계에서 가장 값싸고 질 좋은 물건을 만드는 나라에서 상품을 사서, 그 물건을 가장 필요로 하는 나라에 파는 데 명수다. 그들은 잘 조성된 물류센터, 스키폴 공항, 로테르담 항구와 창고를 무기로 세계의 물류산업을 정복했다. 내 공장이 있어야만 수출을 할 수 있다는 고정관념에서 탈출해야 한다. 글로벌 경제가 부상하고 있는 오늘날에는 지구촌을 상대로 한 세계경영만이 살길이다.

2

국가 시스템을 혁신하자

앞서 살펴본 아일랜드와 네덜란드의 사례에서 알 수 있듯이 당면한 경제위기를 극복하자면 국민을 일치단결시키는 한편, 이를 바탕으로 국가 시스템을 효율적으로 혁신하는 것이 절대적으로 필요하다. 국론통일과 새로운 성장전략 확립은 동전의 앞뒷면과 같다. 여론이 뒷받침해 줘야 새 성장전략을 힘 있게 추진할 수 있으며, 참신하고 설득력 있는 비전이 제시돼야 이해집단의 양보를 통해 여론의 합의를 이끌어낼 수 있기 때문이다. 동북아 경제중심이니, 새 성장동력 육성이니 하는 국정과제도 그렇고, 이 책에서 거론된 여러 가지 정책 방안들도 이런 상호작용을 통해 충분한 검토를 거치고 국민적인 합의가 이뤄져야 강력한 추진력을 얻을 수 있다는 점은 두말 할 필요도 없다.

효율성과 형평성이 핵심

경제행위의 목적은 의식주와 같은 생존조건을 충족시키는 건 물론이고, 궁극적으로 국민생활을 더 편안하게 하며 창조적인 활동을 통해 인간의 가치를 높이는 데 있다. 그러나 우리 현실은 이런 원론적인 당위성과는 너무나 동떨어져 있어 안타깝다. 2003년 7월에만 해도 생활고에 시달리던 가정주부가 세 아이와 함께 고층 아파트에서 투신자살하는 끔찍한 사건이 일어났다. 가구회사에서 일하던 남편이 IMF 사태 뒤 회사부도로 인해 실직하고 카드 빚이 쌓여 빚 독촉에 시달리자, 삶의 의욕을 잃고 아이들과 함께 죽은 것이다. 거의 비슷한 시기에 역시 IMF 위기 때 실직한 뒤 막노동을 하던 아버지를 돕겠다며 따라나섰던 고등학생 아들이 유독성 본드 가스에 질식해 아버지와 함께 숨진 사건이 발생했다. 이런 참극에 우리는 탄식하다 못해 분노하고 있다. 잘 살아보겠다며 열심히 일했고 저축했고 국산품 애용하고 혼식하며 한 세대인 30여 년을 지내왔다. 덕분에 1인당 국민소득이 1만 달러에 도달한 지 벌써 10년이 되는데, 도대체 국민들이 내는 엄청난 세금은 다 어디에 쓰기에 이런 일이 계속 일어나고 있는가. '가난 구제는 나랏님도 못한다'는 옛말처럼 각자의 불행을 탓하며 속수무책으로 살아야만 하는가. 부지런히 일하고 저축하면 잘 살 수 있다고 믿었던 사람들은 부동산 투기 광풍 앞에 힘없이 무너져 내리고 만다. 소비를 줄이고 저축만 한다면 수요부족으로 불황이 올 수 있다는 이른바 '저축의 역설(逆說)'을 걱정해야 할 정도로 우리 경제 규모가 크고 복잡해졌다. 이제 중요한 것은 노동·자본·토지 같은 생산요소의 투입을 줄이는 대신 효율이나 생산성을 높여 생활수준이 떨어지지 않도록 하는 것이다. 이는

저축강조만이 능사가 아니다

| 한국경제신문 1995년 5월 10일 |

잘 살아보자며 허리띠를 졸라매고 살아온 지난 몇십 년 동안 우리 귀에 못이 박히게 들어온 말이 저축증대 국산품애용 수출확대다. 그렇게 대망의 1980년대를 보냈고 1990년대도 중반인 올해 드디어 국민소득 1만 달러가 달성되리라고 한다.

그런데도 며칠 전에 우리의 저축률이 동남아 개도국들보다 낮다는 보도가 있었다. 이어서 지난 8일에는 재경원이 장기 주택마련저축의 가입대상확대, 정기예·적금의 만기연장 등을 포함한 '금융저축 증대방안'을 발표했다. 아직도 우리는 정부가 저축증대를 독려해야 할 정도로 저축률이 낮고 저축이 부족한가.

우리 경제가 선진국 문턱까지 왔다고 하지만 아직도 선진국수준에 크게 뒤떨어지는 것이 사실이다. 또한 총수요억제를 통한 경기진정, 내자동원의 극대화로 국제수지방어, 은행고유 계정의 강화로 금리안정도모 등 당면한 정책적 필요성도 충분히 인정된다. 그럼에도 불구하고 우리는 다음 세 가지 점에서 근본적인 문제를 제기해 본다.

첫째는 소비는 나쁘고 저축은 좋다는 2분법적 발상을 더 이상 받아들일 수 없다는 점이다.

가계지출의 가장 큰 몫은 교육비로서 이는 성장잠재력을 결정짓는 인적자본 형성과 직결된다. 게다가 내집마련이 가장 큰 저축동기로 꼽히고 다음이 자녀교육, 노후대비 순인 데서 알수 있듯이 저축의 상당부분이 주택난, 왜곡된 교육현실, 빈약한 사회복지로 인한 일종의 강제저축임을 나타내고 있다.

또한 재정도 국방·행정 등 경직성 지출은 줄이지 못하면서 아직도 끼니를 거르는 노인과 아이가 적지 않은 판에 경기진정을 위한 흑자재정만 강조하고 있다. 경기가 호황이다 싶으면 나오는 과소비걱정은 불로소득의 원천인 탈세·투기·부정부패 등을 단속해 없앨 일이지 저축을 쥐어짜서 해결될 일이 아니다.

얼마 전 김영삼 대통령도 삶의 질을 높이라고 지시했지만 이제는 가계나 정부도 쓸 데는 써야지 저축강조만이 능사가 아니라고 본다. 다음은 저축증대 못지않게 투자효율의 향상이 시급하다는 점을 지적해야겠다. 왕성한 투자의욕을 뒷받침하기에는 국내 저축이 부족하다고 하지만 투자계획이 얼마나 세심하게 검토되고 일관성있게 추진되고 있는지 의문이다.

투자가 경제성장의 원동력인 것은 사실이나 지금 우리 경제가 일자리가 없어 마구잡이로 투자해야 할 단계는 아니다.

게다가 한번 투자하고 나면 돌이킬 수 없는 투자의 비가역성 때문에 불필요하거나 비능률적인 투자는 두고두고 짐이 된다는 점을 잊지 말

> 아야 한다.
> 끝으로 저축증대의 일선창구인 은행의 경영쇄신이 필요하다. 고질화된 금융부조리로 은행장들이 줄줄이 옷을 벗는 판에 신상품개발이라고 서로 베끼기나 하고 직원과 거래기업을 동원한 실적 올리기에 바쁜 구태는 더 이상 봐줄 수 없는 지경이다.
>
> 경기가 과열이라는데 어음부도율은 사상 최고수준이며, 신한국창조의 목소리가 높은데 대형사고는 줄을 잇고 있다. 여기에 정책마저 한편으로는 OECD 가입을 서두르며 다른 한편으로는 저축증대 강조라는 흘러간 옛노래만 틀고 있으니 될 말인가.

결국 '삶의 질'을 높이는 문제로 직결된다. 성장률이나 국민소득 같은 양적 기준 대신, 노동생산성·투자효율 등을 높이는 것이 관건인 셈이다.

또 하나 중요한 기준은 공정성·투명성·형평성이다. 생산성 제고나 효율 향상도 공정한 경쟁을 통해 이뤄져야 한다. 공정한 경쟁을 촉진하자면 경쟁에서 탈락한 사람들이 최소한의 생계를 이어갈 수 있도록 보장하는 사회복지 시스템이 필요하다. 그렇지 않다면 '성공'은 물론 '생존'을 위해 사람들은 수단방법을 가리지 않고 자신의 이익만 챙기려 할 것이다. 이렇게 되면 우리 사회는 '정글의 법칙'이 지배하는 투쟁과 혼란에서 벗어나기 어렵다. 사회적 형평성이 도덕적으로는 물론이고 경제적인 측면에서도 의미가 있는 것은 이 때문이다. 한 가지 유의해야 할 것은 형평성과 효율성이 반드시 상충되는 게 아니라는 점이다.

국민연금·의료보험·산재보험·고용보험 등 이른바 4대 사회보험을 예로 들어보자. 현재 이들 사회보험은 여러 가지 심각한 구조적 문제점을 드러내고 있다. 우선 의료보험은 직장의료보험조합을 중심으로 여러 차례의 보험료 인상에도 불구하고 재정적으로 적자를 내고 있으며, 지나친 관료주의에 빠져 의료계로부터 불신을 받고 있다. 국민연금도 당분간은 수입이 지출을 초과하겠지만 조만간 적자로 돌아설 것이고, 오는 2040년경이면 연금이 바닥을 드러낼 것으로 전망되고 있다. 또한 국민연금과 의료보험은 모두 가입 대상자가 의무적으로 가입하도록 돼 있는데, 자영업자의 소득파악이 불충분해 봉급생활자의 부담이 상대적으로 훨씬 크다는 불만이 많다. 산재보험도 대기업은 중소기업에 비해 사고 발생이 훨씬 적은데 보험료는 더 많이 내는 문제가 있다. 고소득층은 비싼 보험료를 내면서 질 좋은 의료 서비스를 받지 못해서 역시 불만이 쌓여 있다. 한 마디로 이들은 현행 체제는 불공평하니 시장원리를 적용하자고 주장한다. 그러나 기존 사회보험 체제를 지지하는 측에서는 시장원리를 적용하는 것 자체가 사회보험의 취지에 맞지 않는다고 반박할지 모른다. 시장원리를 적용하면 대기업이나 고소득층은 모두 민간보험으로 빠져나가고 중소기업과 저소득층만 남아 사회보험이 제기능을 발휘할 수 없게 된다는 주장이다. 그러나 전혀 해법이 없는 건 아니다. 양질의 서비스를 원하는 대기업이나 고소득층이 택하는 민간보험은 보험료를 비싸게 하고 세금을 더 많이 내게 하면 된다. 질 좋은 서비스의 값이 더 비싼 건 지극히 당연한 이치다. 대신 기존 산재보험이나 의료보험의 서비스 질은 중간 수준으로 맞추고 민간보험 쪽에서 거둔 세금을 투입해 보험료를 싸게 하는 것이다. 즉 서비스 질에 따라 보험료를 차등화하는 것이 시장원리에도 맞고 가입자들에게도 이익이다. 뿐만 아니라 이렇게 하면 다른 여러 가지 장점이 있다. 우선 가입자들이 경제적 능력과 선호도에 따라 각자 자신의 보험가입을 선택하게 함으로써, 자영업자와 봉급생활자 간 형평성 시비도 원천적으로 예방할 수 있다. 또한 의료보험공단이나 산재보험을 취급하는 근로복지공단의 조직 비대로 인한 관료주의 폐해도 막을 수 있다. 의료보험과 산재보험의 재정안정을 꾀할 수 있는 건 물론이고, 의료계도 각각 형편에 따라 특정 고객계층에 특화함으로써 병원을 보다 안정적으로 운영할 수 있어 만족이다. 이렇게 하면 의료보호 대상인 영세민이 누리는 혜택도 크다. 현재는 의료보험 재정이 적자여서 영세민들에 대한 의료보호 서비스 수가를 몇 달씩 늦춰서 지불하고 있다. 이 때문에 병원이나 약국은 이런저런 핑계를 대며 의료보호 서비스를 기피하는 바람에 영세민들이 의료보호를 거의 받지 못하고 방치돼 있는 딱한 실정이다. 국민연금도 미국처럼 직장생활을 할 때 급여의 30~40% 정도만 보장하게 하고 30% 정도는 퇴직금이나 기업연금으로 감당하게 하며, 그 이상은 개인연금보험 등을 통해 각자 해결하도록 하는 것이 합리적이라고 본다. 이렇게 사회복지 부담을 분산시키지 않으면 국민연금의 재정파탄과 국민불신은 피하기 어렵다. 그렇다고 시장원리에 바탕을 둔 미국식 사회복지 시스템이 유럽식보다 반드시 더 낫다는 얘기는 아니다. 우리도 할 수만 있다면 유럽처럼 강력한 사회복지체제를 갖추는 것이 바람직하다. 문제는 어느 쪽이 더 우수하냐가 아니라, 어느 쪽이 더 현실성 있느냐는 점에 있다. 유럽식 사회복지 체제를 갖추려면 막대한 재정부담이 들며 조세부담률을 크게 올리는 것이 불가피하다. 그러나 강력한 사회복지 체제를 주장하는 국민들도 막상 소득의 40~50%를 세금으로 내는 데는 거부감이 대단하다. 게다가 소득파악이 불투명하고 관료주의가 극심한 우리 현실을 감안하면, 앞으로도 당분간은 유럽식 사회보장 체제를 추구하는 건 어렵다고 생각한다. 그렇다면 차선책으로 시장원리에 입각한 미국식 사회복지 시스템을 도입하는 것도 대안이라고 본다. 어느 쪽이건 현재의 비효율적이고 불공평한 사회복지 제도는 하루 빨리 개혁해야 할 것이다.

결국 우리 경제가 위기상황을 극복하고 재도약하려면 국가 시스템을 대대적으로 혁신해야 한다. 법질서를 확립하고 기업경영이 투명하며 대학과 연구소는 신기술을 활발하게 연구·개발해야 한다. 기업과 노조가 서로 협력해야 하며 정부는 값싸고 효율적인 행정 서비스를 신속하게 제공해야 할 것이다. 효율성과 형평성이 새로운 국가 시스템의 두 기둥이 돼야 마땅하다. 효율성과 형평성은 서로 배타적이지 않으며 상당 부분 상호보완적이라고 믿는다. 효율 향상과 형평성 제고를 함께 이루기 위해선 서로 이해관계가 상충되는 집단 사이에 상호신뢰 관계가 구축돼야 한다. 선진국도 정부·기업·노동자의 상호신뢰를 바탕으로 노조가 임금삭감 및 정리해고 등 고통분담을 수용함으로써 경제난을 극복할 수 있었다. 어떤 성장전략을 추구해도 상호신뢰가 뒷받침해 주지 않으면 그야말로 사상누각에 지나지 않는다. 이는 국정운영의 핵심은 국민신뢰에 있다고 강조한 2000년 전 공자의 주장과 일치한다.

문제는 진정한 신뢰구축은 저절로 이뤄지지 않는다는 점에 있다. 기존 사회질서에 대한 철저한 반성과 함께 바람직한 방향으로의 개혁을 위해 활발한 토론과 신중한 검토가 있어야 한다. 그런 맥락에서 우리 사회의 썩은 부분을 과감하게 도려내고 '새 술은 새 부대에' 담는 일이 시급하다. 금융·기업의 부실에 대해 과감한 구조조정을 단행하되 고통분담 차원에서 사회 지도층부터 솔선수범해야 옳다. 부동산 투기나 부정부패는 제도개선·시민감시 등을 통해 철저히 뿌리 뽑아야 함은 두말 할 필요도 없다. 특히 최근 온 나라를 뒤흔든 거액의 불법 대선자금 및 정치자금이 다시는 발붙이지 못하도록 철저한 정치개혁을 단행해야 마땅하다. 이를 위해 여·야의 정치자금에 대한 사직당국의 철저한 검증과 책임추궁이 불가피하다. 정당들은 과거의 잘못을 고백하고 국민들에게 사과하는 동시에 불법 정치자금 수요를 원천적으로 차단하는 제도개혁을 추진하는 절차를 밟아야 할 것이다. 이 모든 과정이 한 점 의혹도 없다는 점을 국민들로부터 동의를 받아야 함은 물론이다. 그래야만 우리 사회의 암적인 존재인 정경유착을 근절할 수 있고 경제도약도 가능하다. 동시에 분식회계·주가조작·탈세·입찰담합·불법하도급 등 수많은 기업비리들에 대해서도 일벌백계로 엄중 처벌해야 할 것이다.

최우선적으로 사람에 투자하라

모든 경제활동은 사람의 노동력을 필요로 한다. 설사 로봇이나 컴퓨터를 이용해 작업이 이뤄진다고 해도 그 로봇과 컴퓨터를 만든 건 바로 사람의 노동력인 만큼, 고도로 자동화된 작업에도 사람의 손길이 간접적으로 미친다고 할 수 있다. 그렇다면 경제학에서 전통적으로 노동을 자본·토지 등과 함께 가장 기본적인 생산요소로 꼽아온 것도 당연한 일이다. 오늘날 각광받고 있는 기술이나 지식도 일종의 변형된 노동이라는 점을 감안하면, 인적자본(human capital)이라고 하는 것도 결국 경제활동에서 사람의 중요성을 강조하는 것에 다름 아니다. 흔히 우리나라는 자원이 부족하고 땅이 좁아 사람이 유일한 자원이라고 한다. 현실적으로 인구는 경제규모는 물론이고 생활형태 등 사회 구석구석에 큰 영향을 미치는 주요 변수다. 만일 중국 인구가 절반으로 줄어든다면 어떤 사태를 불러올지 한번 상상해 보라. 결론적으로 말해서 사람은 경제활동의 목적인 동시에 가장 중요한 생산요소이기도 하다. 따라서 우리나라는 최우선적으로 사람에게 투자하는 게 당연하다.

　사람에 대한 투자는 생계유지, 건강관리 등에서부터 교육을 통해 기술 또는 지식을 갖게 하는 한편, 더 나아가 첨단기술 개발에 대한 지원에 이르기까지 다양하다. 이는 크게 나누면 교육과 사회복지라고 할 수 있다. 이 점에서 덴마크 등 유럽의 강소국들이 교육투자에 열성적이라는 사실은 우리에게 시사하는 바가 많다. EU 통계국이 최근 발표한 조사보고서에 따르면, 지난 1999년 EU 회원국 15개국의 교육투자를 국내총생산(GDP)과 비교한 결과, 덴마크·스웨덴·노르웨이·핀란드 등 북유럽 강소국들의 투자비율이 EU 전체 평균을 웃돌았다. 덴마크가 8.1%로 가장 높았으며 스웨덴 7.5%, 노르웨이 7.2%, 핀란드 6.2% 순인 데 비해, EU 평균은 5.0%이고 가장 낮은 국가는 3.6%인 그리스다. 공공예산에서 교육투자가 차지하는 비율도 역시 덴마크가 14% 이상으로 가장 높았고, 핀란드·스웨덴·노르웨이 등도 모두 12% 이상을 기록했다. 우리나라 교육열도 어느 나라 못지않게 높은 건 잘 알려진 사실이다. 스위스 국제경영개발원(IMD)이 25~34세 인구 중 대학 수준 이상의 고등교육을 받은 인구 비중(2001년 기준)을 조사한 결과, 한국은 40%로 캐나다 50%, 일본 47%에 이어 세번째로 높았다. 미국 39%, 영국 30% 등 선진국보다 높은 건 물론이고 인구가 2,000만 명 미만인 강소국들과 비교해도 아일랜드 48%, 싱가포르 42.5%에 이어 세번째다.

　그러나 이렇게 뜨거운 교육열과는 대조적으로 국내 교육현실은 입시지옥, 붕괴 직전인 공교육, 살인적인 사교육비 부담 등으로 인해 만신창이가 된 형편이다. 한 예로 경제협력개발기구(OECD)의 '교육투자 효율성 비교'라는 보고서를 보면 한국은 세계 최고 수준의 교육비를 지출하고 있지만 교육투자 효율성 지수(기준치 100)는 85.3으로 OECD

30개 회원국 중 비교 가능한 23개국 가운데 20위에 그쳤다. 교육투자 효율성 지수는 GDP 대비 교육비 지출액과 국가별 학업성취도 자료 가운데 고등학교 1학년 수학 및 과학 성적을 각각 지수화해 투자 대비 성과를 측정한 것이다. 특히 GDP의 3%에 육박하는 사교육비를 포함할 경우 전체 교육비가 GDP에서 차지하는 비중은 7.06%에 달해 OECD 회원국 가운데 가장 높다. 사교육비뿐 아니라 공교육비 부담도 세계 최고 수준이다. 이는 정부예산 중 교육예산 비중이 20%를 웃돌고 있다는 사실 하나만 봐도 알 수 있다. 전체 공교육비 중 민간에서 등록금 등으로 부담하는 비중도 39.8%로 미국(31.8%), 일본(24.8%), 호주(24.0%), 캐나다(19.4%)를 훨씬 웃돌고 있다. 이처럼 과중한 교육비 부담에 비해 학생들이 받는 교육 서비스의 질은 매우 떨어지는 실정이다. 단적인 예로 국내 대학들이 산업현장에 필요한 인재를 제대로 길러내지 못해 업계가 막대한 재교육 비용을 부담하고 있는 게 어제 오늘 일이 아니다. 전국경제인연합회 조사에 따르면, 신입사원을 채용해 전산교육 등 기초교육을 시키는 데만 평균 4.6개월의 시간과 1인당 월 평균 112만 원의 비용을 들이는 것으로 나타났다. 특히 2003년 4월 IMD가 "교육체계가 경쟁사회 요구에 얼마나 잘 부합하는지"를 조사한 결과, 30개 조사대상 국가 중 우리나라는 21위로 하위권을 차지했으며, '대학교육이 경쟁사회 요구에 얼마나 잘 부합하는지'를 묻는 설문에서도 28위로 최하위권이었다. 이렇게 대학교육이 현실과 동떨어진 까닭은 여러 가지가 있지만 대학들이 교육의 질은 무시한 채 '몸집 키우기'에만 몰두한 것도 큰 원인으로 꼽을 수 있다. 4년제 일반대학의 수는 지난 1965년 70개에서 2002년 163개교로, 고등학교 졸업생의 대학 진학률은 32.3%에서 74.2%로 급증했다. 고등교육이 급속도로 보편화됐지만 정작 교육의 질적 수준을 가늠할 수 있는 교수 1인당 학생 수는 같은 기간 19.9명에서 40.1명으로 두 배 넘게 늘었다. 중·고교 또한 평준화 체제와 입시경쟁으로 멍들고 획일적인 교육행정으로 인해 비효율성이 심화됐다. 학력의 하향 평준화와 사교육비 증가 등이 그런 예다. 이처럼 교육부문의 총체적 부실과 비효율로 인해, 국민들이 해외유학은 물론 심지어 이민으로까지 내몰리는 현상이 벌어지고 있다. 2003년 상반기 유학이나 연수를 목적으로 해외로 나간 사람이 총 16만 6,701명, 유학·연수비용이 무려 8억 2,090만 달러에 달한다. 그 결과 유학·연수 수지적자는 사상 최대치를 경신하며 눈덩이처럼 불어나고 있다.

그렇다고 교육투자를 무작정 늘리기만 한다고 문제가 해결되는 것은 아니다. 주입식이 아닌 창의적 학습을 통한 교육내용 쇄신, 일선 학교의 교육자율 강화, 과감한 시장논리 적용, 지방자치와 교육자치 통합 등이 교육투자 확대에 앞서 진지하게 검토돼야 할 것이다. 특히 과감한 시장논리 적용이나 지방자치와 교육자치 통합 같은 사항들은 상당한 논란을 불러올 가능성이 높다. 시장논리를 적용할 경우 교육부의 획일적 행정과 지나친 개입을 반대하는 건 물론이고, 말썽 많은 고교평준화를 재고해야 하며 자립형 사립고교 설립을 허용할 필요가 있다. 고교평준화는 '과열 입시경쟁 해소'를 위해 지난 1974년 도입돼 그 동안 긍정적인 효과도 적지 않았지만, 학력이 하향 평준화됐고 사교육비 부담도 해소되지 않았다는 이유로 반대의견이 많다. 그렇다고 당장 평준화를 폐지하면 입시경쟁이 더욱 가열될 우려가 큰 만큼, 당분간은 일선학교에서 원하는 경우에 한해 평준화를 단계적으로 폐지하고 경쟁체제를 도입하도록 하는 것이 교육현장의 혼란을 줄일 수 있다고 본다. 물론 전교조 등에선 현행 평준화 체제를 계속 유지해야 한다고 주장하겠지만, 어차피 모두를 만족시키는 묘안이 없다면 차선책으로 교육 서비스 소비자인 학생과 학부모가 선택할 수 있도록 허용해 주는 것이 옳다. 평준화를 폐지하더라도 지금처럼 교육부나 교육청의 간섭이 계속된다면 경쟁력을 키우기는 어렵다. 교원 선발이나 교과 편성은 물론 모의고사 치는 시기조차 마음대로 결정할 수 없는 현실은 개선돼야 마땅하다.

현재 181개나 되는 지역 교육청을 통폐합하고 교육청의 권한 대부분을 일선 학교로 넘겨 개별 학교 단위에서 자율적으로 결정하게 해야 한다. 대신 학교별로 학업성취도·교육수준·재정상태 등을 학생과 학부모에게 공개하도록 해 자율교육에 대한 책임을 지게 하는 것이 옳다. 또한 재정이나 교육환경이 열악한 학교들에 대해선 교육당국이 평균수준에 도달할 때까지 지원을 아끼지 말아야 할 것이다. 교육 서비스 공급자인 교원 선발과정도 좀더 다양화할 필요가 있다. 현재 초등학교 교원은 교육대학, 중·고등학교 교원은 사범대를 나와야만 되는 폐쇄적인 교원임용제도를 개선해야 한다. 이대로 가면 갈수록 다양화·전문화되는 현실을 따라가지 못해 교육의 질은 낮아질 수밖에 없다.

한 예로 초등학교 영어교육을 위해 교원들에게 무리하게 단기 영어교습을 시킬 것이 아니라, 대학에서 영어를 전공했거나 영어실력이 좋은 가정주부들을 영어강사로 활용하는 것이 훨씬 더 효율적이라고 본다. 이를 위해선 교사임용에 대해 일선 학교의 재량권을 대폭 넓혀 각 분야에서 전문가로 인정받는 사람들이 교단에 설 수 있도록 허용해야 할 것이다. 또한 중·고교 교원들에게도 강의평가를 시행해 우수 교원들을 우대하는 등 경쟁을 촉진해야 한다. 지금처럼 일단 교사가 되면 능력에 상관없이 똑같은 월급을 받고 공무원으로 신분까지 보장되는데

누가 보다 나은 자질을 갖추려 노력하고 더 열심히 가르치려고 하겠는가. 국내 교원들이나 학교들뿐 아니라 우수한 외국 교육기관과도 경쟁해야 할 것이다. 타성에 젖고 규제에 찌든 국내 교육기관에 신선한 자극을 주기 위해서도 교육개방은 필요하다고 본다. 교육문제에 시장논리를 적용하는 데 반대하는 쪽에선 교육시장의 개방에 대해서도 이의를 제기하고 있다. 그러나 급변하는 세계정세를 감안하면 우물 안 개구리 식으로 고집부릴 일이 아니라고 본다. 경쟁과 함께 적극적이고 효율적인 투자가 병행된다면, 우리나라의 교육문제도 개선될 것으로 기대한다. 그러자면 교육재정 조달체제를 중앙집중 방식에서 지방자치단체 분담방식으로 바꾸는 방안을 적극 검토해야 할 것이다. 지방자치단체가 학부모와 지역사회의 요구를 반영하기 위해 교육투자를 늘리는 대신 지방자치단체가 일선 교육에 대해 책임지게 하는 것이 자연스럽다고 생각한다.

책을 마치며

한국경제의 어디가 잘못됐는지를 알아보기 위해 떠난 짧은 여행이 끝나가는데, 밖에는 겨울을 재촉하는 가랑비가 내리고 있다. 차창 밖으로 스쳐가는 경치를 그저 덤덤하게 지켜보듯이 우리가 언제는 아무 탈 없이 잘 한 적이 있었나 하면 그만이지만, 취직이 안 돼 좌절하거나 사업에 실패한 이웃의 딱한 처지를 보면 그저 답답하기만 하다. 미국을 비롯해 다른 나라들 경제가 빠른 속도로 되살아나고 있다고 하는데 우리만 낙오되는 것이 아닌가 하는 걱정도 없지 않다. 2003년 3분기 국내총생산(GDP) 증가율만 봐도 미국이 8.2%나 되는데 우리는 2.3%밖에 안 되니 더욱 그렇다.

세상만사가 모두 그렇지만 경제도 물 흘러가듯이 자연스럽게 돌아가도록 하는 게 바람직하다. 그러자면 소비자나 기업들이 각자의 형편과 취향에 따라 스스로 결정하고 선택할 수 있어야 한다. 그것이 바로 시장원리다. 현재 우리 사회의 발목을 잡고 있는 많은 문제들도 시장논리로 풀어야 하며 또 풀 수 있다고 믿는다. 국민연금·의료보험 등 사회보험의 만성적인 재정난 해소가 그렇고, 잊을 만하면 터져나오는 고질적인 금융부실도 마찬가지다. 그 동안 쌓인 문제들을 풀어가는 과정에서 불가피하게 생기게 마련인 충격을 완화하기 위해 정부가 일정한 역할을 감당할 수는 있지만, 기본적으로는 당사자 간 해결원칙을 존중하는 것이 옳다. 사회문제로 대두된 신용불량자 처리도 이 원칙을 지켜야 심각한 도덕적 해이를 막을 수 있을 것이다.

원래 인간은 별 탈이 없을 때도 미래에 대비해 계획을 세우곤 한다. 그래서 만물의 영장이라고 하는 것 아니겠는가. 도덕적 해이는 바로 이 사전대비라는 '면역 시스템'을 마비시키는 바이러스인데, 외환위기 이후 공적자금이 투입되는 과정에서 무섭게 확산되고 있으니 정말 큰 일이다. 바이러스 확산을 막는 데는 '백신'과 '환경청결'이 절대적으로 중요하다. 백신은 시장원리와 신용질서에 대한 교육을 철저히 시키는 장기대책을 비롯해서, 가능한 한 부채탕감을 지양하고 금리인하, 채무상환기간연장, 이자지급유예 등의 방법을 이용하는 단기처방까지 다양하다. 환경청결은 경제환경이 투명하고 예측 가능해야 한다는 걸 뜻한다. 시장여건이 불투명하면 위험을 최소화하기 위해 각종 편법·불법 행위가 기승을 부리거나, 아예 사전대비를 포기하는 도덕적 해이가 판을 칠 수밖에 없다.

경제질서를 뒤흔드는 충격요인으로 정국불안도 빼놓을 수 없다. 여·야 대립이 날카로워지고 심지어 국회운영이 마비돼 민생법안 처리가 지연되면, 경제활동을 포함한 일반국민들의 생활은 불편하고 불안해지게 마련이다. 특히 노무현 대통령이 자꾸 시빗거리를 만들고 싸우려는 듯한 인상을 주는 것은 경제안정에 결코 바람직하지 않다.《손자

병법》에서도 싸우지 않고 이기는 것이 제일 좋고 피투성이가 되도록 싸워서 이기는 것을 꼴찌로 꼽았는데, 노 대통령은 싸움닭처럼 자꾸 싸우려고만 하는 것 같아 걱정이다. 취임한 지 채 1년도 안 돼 재신임받겠다는 폭탄선언을 하는가 하면, 정치자금 문제에서 누가 더 허물이 많은지 따져보자며 온 나라를 들쑤시고 있으니 말이다. 게다가 힘들어 대통령 못해 먹겠다는 소리까지 하니 국민들이 얼마나 불안하겠는가. 원래 가진 것 없고, 학벌도 시원치 않고, 큰 파벌도 거느리지 않은 처지에서 극적으로 대통령이 됐으니 조금 구설수에 오르고 인기가 떨어져도 밑져야 본전이라고 생각할지 모른다. 그러나 만에 하나라도 이런 생각은 결코 해서는 안 된다. 노 대통령은 더 이상 어느 한 정당이나 파벌의 지도자가 아니라, 5,000만 국민의 현재와 미래를 좌우하는 국정의 최고 책임자다. 그런 대통령이 밑질 것 없다며 걸핏하면 정면승부를 거는 것은 어느 누구에게도 도움이 안 된다.

우리나라의 장래와 국민들의 평안을 위해 누가 뭐라고 해도 노 대통령은 '성공한' 대통령이 돼야만 한다. 특히 앞으로 10년은 어느 때보다 중요한 시기여서 더욱 그렇다. 그 사이 갑자기 남북통일이 될 수 있고, 세계질서에 큰 변화가 있을 수도 있다. 또한 2014년이면 우리나라는 인구의 14% 이상을 65세 이상 노인이 차지하는 노령사회가 되는데, 그 전에 최대한 경제적 여력을 축적해야 남북통일에 따른 부작용에 대비할 수 있다. 이래저래 향후 10년은 너무나 중요한데, 그 첫번째 절반이 노 대통령의 임기다. 이것이 바로 노 대통령이 성공적인 국정운영을 해야만 하는 이유다.

노 대통령은 얼마 전 TV 대담에서 "경제는 원천적으로 정부 몫인 만큼 (경제가) 좋아지도록 최선을 다하겠다"고 말했지만, 필자는 이 점에서 약간 견해를 달리한다. 경제는 '원천적으로' 시장에 맡기고 가능한 한 정부개입을 최소화하는 것이 바람직하다고 본다. 정작 정부가 신경 써야 할 일은 따로 있다. 시장 참가자들이 반드시 지켜야 할 규칙을 정비하고, 준수 여부를 엄격히 감독하는 것이다. 특히 금융시장에 대해선 철저히 감시해야 마땅하다. 정부역할의 변화에 맞춰 중앙행정부처를 대대적으로 재편하고 지방자치단체의 인력과 재정 등을 대폭 보강하며, 공무원의 일방적인 사고방식과 업무 스타일도 바꿔야 할 것이다. 이 모든 것을 국민 입장에서 검토하고 판단하면 별 문제가 없을 것이다.

이해집단의 양보와 타협도 중요하다. 특히 산업현장을 지키는 노동자와 경영진이 서로 신뢰해야 생산성 향상과 경제성장을 이룩할 수 있다. 아무리 명분이 그럴 듯해도 의사결정 과정이 민주적이지 않거나 국민경제에 이롭지 않다면 다시 생각해 볼 일이다. 물론 오랫동안 쌓인 상호불신과 피해의식을 하루아침에 씻어버리기는 어렵지만, 산업평화를 이루기 위해선 달리 길이 없는 만큼 경영진부터 인내하며 조금씩 신뢰를 다져가야 할 것이다. 국가 시스템의 획기적인 혁신을 이룩하자면 국민들의 전폭적인 신뢰와 지지가 필수적이다. 그러자면 먼저 사회지도층부터 솔선수범해야 옳다. 우리 경제의 뿌리를 뒤흔드는 부정부패·정경유착·부동산투기·불법파업 등을 일소하는 건 물론이다. 이렇게 새롭게 출발해야만 우리에게도 미래의 희망이 있다.

지금 신문과 TV 뉴스는 한국 현대사의 한 페이지로 기록될 불법 대선자금에 대한 검찰수사로 연일 뜨겁기만 하다. 이제 정치개혁은 어느 누구도 거역할 수 없는 시대적 과제가 됐다. 당연히 벌써 했어야 할 일이기에 검찰수사가 투명하고 공정하게 끝나기만 바랄 뿐이다. 그러나 아무리 정국이 소란스러워도, 오늘도 공장에선 제품을 만들고 시장과 백화점에선 물건을 사고 판다. 우리가 살아 있는 한 어떤 상황에서도 경제는 돌아가야만 하고, 또 그럴 수밖에 없다. 갈릴레오가 종교 재판정을 나서며 "그래도 지구는 돈다"고 말했듯이.

멍청아 경제부터 챙겨

지은이 / 신영섭
펴낸이 / 김경태
펴낸곳 / 한국경제신문 한경BP
등록 / 제 2-315(1967. 5. 15)
제1판 1쇄 인쇄 / 2003년 12월 5일
제1판 1쇄 발행 / 2003년 12월 10일
주소 / 서울특별시 중구 중림동 441
홈페이지 / http://bp.hankyung.com
e-메일 / bp@hankyung.com
기획출판팀 / 3604-553~6
영업마케팅팀 / 3604-561~2, 595
FAX / 3604-599

* 파본이나 잘못된 책은 바꿔 드립니다.
ISBN 89-475-2463-8

값 9,000원